W0355566

Vorwort

Liebe Eltern,

Seit der G8-Reform zur Verkürzung der Schulzeit ist die Schulmathematik kompakter geworden, ohne dass dabei der Lehrinhalt sinnvoll gekürzt wurde. Diese

Schulaufgaben von bayerischen Gymnasien

Mathematik 6

zeigen, welche Aufgabentypen und welcher Schwierigkeitsgrad im G8-Gymnasium in der 6. Klasse in Bayern verlangt werden. Ein großer Teil der Aufgaben habe ich als Mathematiklehrer an bayerischen Schulen selber entworfen. Schulaufgaben von Nachhilfeschülern unseres ***Durchblicker Lernstudio Arndt*** bilden die Grundlage der Aufgaben in diesem Buch.

Nach meiner Erfahrung sind sehr viele Schüler vor der Schulaufgabe nervös, weil sie nicht wissen, was sie erwartet. Aber die Angst und Nervosität legt sich sehr schnell, sobald die Schüler einige dieser Aufgaben kennen und durchgerechnet haben. Wer diese Schulaufgaben konsequent durcharbeitet, der weiß, was dran kommt und was die Schulen verlangen.

Wenn wir feststellen, dass ein Aufgabentyp nicht mehr aktuell ist, wird er sofort durch einen neuen G8-typischen ersetzt. Somit haben Sie immer die aktuellsten Aufgaben aus bayerischen Gymnasien.

Die acht Schulaufgaben entsprechen dem hohen Niveau aus Gymnasien von Bayern, die so ähnlich gestellt worden sind. Sie spiegeln den gesamten Lernstoff der 6. Jahrgangsstufe wider.

Die Hinweise in den Lösungen sind die absoluten Insidertipps eines Mathelehrers.

Die mit ✔ gekennzeichneten Aufgaben haben sich als G8-Standardaufgaben herauskristallisiert d.h. derartige Aufgaben werden fast in jedem Gymnasium in einer Schulaufgabe gestellt.

Mein Ziel ist es, die Motivation und Kreativität aller Schulkinder beim Lösen von Aufgaben zu fördern. Dazu biete ich die ausführliche Lösung der Aufgabenstellung an mit Hintergrund-informationen und detaillierter Beschreibung des Lösungsweges.

Ihr Mathetrainer Claus Arndt

Liebe Schülerin, lieber Schüler,

du bist jetzt schon in der 2. Klasse des Gymnasiums. Mit diesem Band bearbeitest du Schritt für Schritt alle Aufgaben durch, die du für die Schulaufgabe beherrschen solltest. Du schreibst im Schuljahr vier Schulaufgaben in Mathe. Insgesamt acht sind in dem Band enthalten also pro Schulaufgabe zwei, wie sie tatsächlich gestellt werden. Das Besondere ist, dass du bei den Lösungen auch wichtige Hinweise erfährst. Versuche die Aufgaben selbstständig zu lösen wie in einer Schulaufgabe. Danach schaust du dir die Lösungen an und korrigierst dich selbst.

Und zum Schluss noch ein persönlicher Tipp, während du die Schulaufgabe schreibst.

Achte auf die äußere Form: sauber schreiben, nicht schmieren – denn der Lehrer muss oft über 30 Schulaufgaben korrigieren. Am liebsten macht er seine OK-Häkchen und gibt eine gute Note.

Ich wünsche, dass du ein begeisterter Zahlenkünstler wirst und wünsche dir viel Spaß beim Lösen der Aufgaben.

Dein Mathetrainer Claus Arndt

Claus Arndt ***(Dipl.-Mathematiker),*** derzeit Leiter eines Lernstudios, arbeitete als Mathelehrer an einer Realschule und unterrichtet an einem Münchner Gymnasium die Oberstufe. Als Bildungstrainer und Matheprofi erklärt er mit seinem pädagogischen Können den Lernstoff jeder Altersklasse sehr anschaulich und entwickelt aus dem Stegreif eigene praxisbezogene „Testschulaufgaben" zum Trainieren. Er weckt die Neugier der Schüler auf die Rätselwelt der Zahlen und stößt ihnen damit eine Tür zur Mathematik auf. Zudem bringt er seine Erfahrungen aus der freien Wirtschaft mit ein.

www.durchblicker.org

Titelbild: Heinrich Schmid, Überlingen am Ried / Singen am Hohentwiel

ISBN: 978-3-00-034063-5

9 783000 340635

Δ ∞ π √ Σ ≈ ≥

Schulaufgaben

von bayerischen Gymnasien

Mathematik 6

mit Lösungen

DURCHBLICKER
$a^2+b^2=c^2$
Lernstudio Arndt

Schulaufgaben von bayerischen Gymnasien

Verfügbare Titel

☺ **Mathematik** für Klasse **5, 6, 7, 8, 9, 10, 11** und **12**

☺ **Physik** für Klasse **8, 9** und **10**

☺ **Chemie** für Klasse **8, 9** und **10**

☺ **Englisch** für Klasse **5, 6, 7, 8, 9, 10** und **11/12**

☺ **Französisch** für Klasse **6, 7, 8** und **9**

☺ **Deutsch** für Klasse **5, 6, 7** und **8**

☺ **Latein** für Lernjahr **1** und **2**

Schulaufgaben bayerischer Realschulen

Verfügbare Titel

☺ **Mathematik** für Klasse **5, 6,** $7_{II/III}$**,** $8_{II/III}$**,** $9_{II/III}$ und $10_{II/III}$

☺ **Englisch** für Klasse **5, 6, 7, 8, 9** und **10**

☺ **Deutsch** für Klasse **5, 6, 7** und **8**

Schulproben von bayerischen Grundschulen

Verfügbare Titel

☺ **Mathematik** für Klasse **3** und **4**

☺ **Deutsch** für Klasse **3** und **4**

☺ **Heimat- und Sachunterricht (HSU)** für Klasse **3** und **4**

Inhaltsangabe

Schulaufgaben aus dem Lehrstoff der Klasse 6 (G8) in Bayern

Schulaufgaben 3

Schwerpunkt *Multiplikation - Division von Brüchen, Flächeninhalt von Dreiecken und Vierecken*

Schulaufgabe 3.1

- Rechnen mit allen vier Rechenarten
- Division von Dezimalzahlen
- Textaufgabe mit Gesamtansatz
- Berechnen von Größen am Dreieck und Parallelogramm
- Flächeninhalt von Dreiecken, Parallelgrammen und Trapezen

Schulaufgabe 3.2

- Rechnen mit allen vier Rechenarten
- Multiplikation von Dezimalzahlen
- Textaufgabe
- Berechnung am Parallelgramm, Dreiecken, Figur zerlegen
- Finden von Zusammenhängen

Schulaufgaben 4

Schwerpunkt *Rationale Zahlen* und *Prozentrechnung und Diagramme*

Schulaufgabe 4.1

- Interpretieren von Säulendiagrammen
- Notendurchschnitt errechnen
- Maßstabsrechnung
- Lesen und Interpretation von Punktdiagrammen
- Rechnen mit rationalen Zahlen
- Prozentrechnung
- Umwandlung von Raumgrößen
- Volumen und Flächen eines Würfels

Schulaufgabe 4.2

- Komplexe Rechenterme
- Textaufgaben (Zahlenrätsel)
- Volumenberechnung eines zusammengesetzten Körpers
- Interpretation von Diagrammen
- Prozentrechnung
- Dreisatzrechnung

Ist ein Scheinbruch auch ein Bruch ?

Kürzen, kürzen und nochmals kürzen !

Wann ist es sinnvoll zu erweitern ?

Was ist der Unterschied zwischen Anteilswert und relativer Häufigkeit ?

Jeder Dezimalbruch ist ein Bruch und umgekehrt !

Schulaufgaben 1

Wie viele Zahlen gibt es zwischen zwei Brüchen ?

Jede ganze Zahl ist auch eine rationale Zahl !

Rationale Zahlen kannst du auch auf dem Zahlenstrahl eintragen !

1. Schulaufgabe aus der Mathematik

Aufgabe 1

a) Beantworte in einem Satz: Wie verändert sich der Wert eines Bruches, wenn man den Zähler beibehält und den Nenner vergrößert?

____

____

b) Nenne den größten Stammbruch, dessen Nenner keine Primzahl ist.

____

c) Zähle alle Scheinbrüche mit dem Zähler 48 und einem Nenner größer als 10 auf.

____

____

Aufgabe 2

Gib jeweils den Bruchteil an, der eingefärbt und nicht eingefärbt ist.

a)

____

____

b)

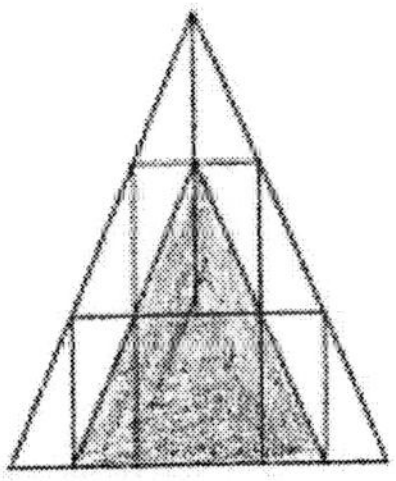

____

____

c)

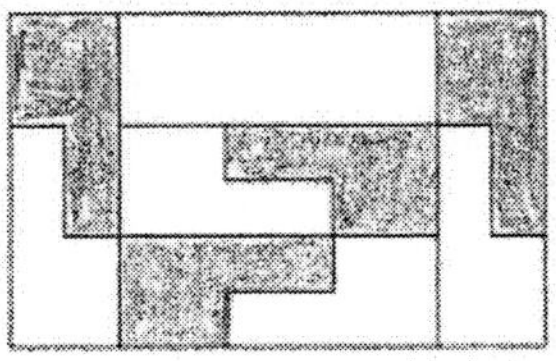

____

____

Aufgabe 3

Wandle die folgenden Zahlen in Brüche um und kürze bis zur Grundform.

a) 3,14 = ______________________________

b) 0,18 = ______________________________

c) 24,024 = ______________________________

Aufgabe 4

Wandle folgende Brüche in Dezimalzahlen um:

a) $\frac{32}{25} =$

____

b) $-\frac{3}{8} =$

____

c) $\frac{39}{52} =$

____

Aufgabe 5

Welche der folgenden Brüche sind wertgleich?

$\frac{35}{60}$; $\frac{38}{14}$; $1\frac{1}{4}$; $\frac{7}{12}$; $2\frac{5}{7}$; $\frac{165}{132}$

____

____

Aufgabe 6

Von einer 1000-m Fadenspule wurden zuerst $\frac{5}{8}$ verbraucht und später noch 60% des Restes.

a) Wie viel Meter Faden wurden jeweils verbraucht?

____

____

b) Welcher Bruchteil der vollen Spule blieb übrig?

____

____

Viel Erfolg!

Lösung Schulaufgabe 1.1

Zeit: 40 Minuten

Aufgabe 1 (6 Punkte) In dieser Aufgabe wird das Grundwissen über Brüche abgefragt.	
a) (1 Punkt) Der Wert des Bruches wird kleiner, da durch eine größere Zahl dividiert wird.	*Hinweis:* Brüche mit gleichem Zähler lassen sich leicht vergleichen. Z.B gilt: $\frac{2}{8} < \frac{2}{7} < \frac{2}{6}$ Auch Brüche mit gleichem Nenner lassen sich leicht vergleichen.Z.B. Es gilt: $\frac{3}{7} < \frac{4}{7} < \frac{5}{7}$
b) (2 Punkte) $\frac{1}{4}$ *Begründung:* Bei einem Stammbruch ist der Zähler immer 1. Primzahlen sind die natürlichen Zahlen, die als Teiler nur die 1 oder sich selber haben und aber größer als 1 sind. Die kleinste Nichtprimzahl ist 4. Also: $\frac{1}{4}$ $\frac{1}{2}; \frac{1}{3}$ kommen nicht in Frage, da 2 und 3 Primzahlen sind. $\frac{1}{6}$ und kleinere Brüche auch nicht, da $\frac{1}{6}$ kleiner als $\frac{1}{4}$ ist.	
c) (3 Punkte) Scheinbrüche stellen ganze Zahlen dar. $\frac{48}{12} = 4; \frac{48}{16} = 3; \frac{48}{24} = 2; \frac{48}{48} = 1$ Als Nenner kommen nur die Teiler von 48 in Frage und in dieser Aufgabe speziell diejenigen, die größer als 10 sind.	

Aufgabe 2 (6 Punkte, je Teilaufgabe 2 Punkte)
Darstellung von Bruchteilen. Die Fragestellung verlangt von dir fundiertes Wissen über die Darstellung von Brüchen.
Die Figuren sind jeweils in gleichgroße Teilfiguren aufgeteilt. Einige dieser Teilfiguren sind grau hinterlegt. Zähler zuerst ab, wie viele Teilfiguren es gibt insgesamt. Dann zähle die markierten Teile ab und bilde dann den Anteil. Unter dem Bruchteil versteht man den Anteil der markierten Teile an der Gesamtanzahl.

a)

Der Anteil der schraffierten Fläche beträgt $\frac{5}{12}$. Der Anteil der nicht schraffierten Fläche beträgt $1-\frac{5}{12}=\frac{12-5}{12}=\frac{7}{12}$.

Hinweis:
Hier ist ein Blatt in 2 gleiche Teile aufgeteilt. Es gibt insgesamt 6 Blätter und somit 12 halbe Blätter.

Von diesen halben Blättern sind 5 Teile eingefärbt

b)

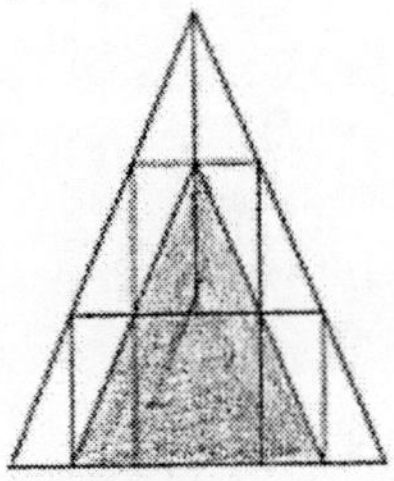

Der Anteil beträgt $\frac{8}{18}=\frac{4}{9}$. Der Anteil der nicht schraffierten Fläche beträgt $1-\frac{4}{9}=\frac{9-4}{9}=\frac{5}{9}$.

Hinweis:
Die kleinste Fläche sind Dreiecke. Insgesamt gibt es 18 kleine Dreiecke (abzählen). Davon sind 8 eingefärbt.
Vergiss nicht zu kürzen.

c)

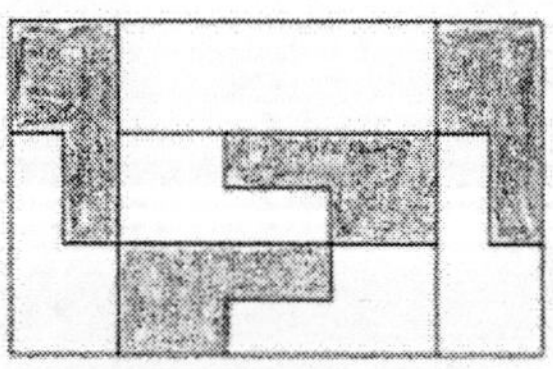

Der Anteil beträgt $\frac{4}{10}=\frac{2}{5}=40\%$.
Der Anteil der nicht schraffierten Fläche beträgt
$100\%-40\%=60\%=0{,}6=\frac{6}{10}=\frac{3}{5}$.

Hinweis:
In dieser Figur ist jeweils ein Rechteck halbiert. Es gibt 10 „halbe" Rechtecke, davon sind 4 eingefärbt.

Vergiss nicht zu kürzen.

Lösung Schulaufgabe 1.1

Aufgabe 3 (6 Punkte)

Bei dieser Aufgabe handelt es sich um eine leichtere Standardaufgabe.

Vorüberlegung: Es wird die Umwandlung in Brüche verlangt (nicht in gemischte Zahlen) und damit auch in unechte Brüche.

a) (2 Punkte)

$$3{,}14 = 3\frac{14}{100} = 3\frac{7}{50} = \frac{157}{50}$$

b) (2 Punkte)

$$0{,}18 = \frac{18}{100} = \frac{9}{50}$$

c) (2 Punkte)

$$24{,}024 = 24\frac{24}{1000} = 24\frac{3}{125} = \frac{3003}{125}$$

Hinweis:
Schreibe zuerst die Dezimalzahl als gemischte Zahl (Ganze Zahl und Bruch). Kürze dann den Bruch. Würde man zuerst in einen unechten Bruch umwandeln und dann kürzen, so hätte man größere Zahlen und das Kürzen ist dann umfangreicher bzw. schwieriger. Gezeigt wird diese Problematik an der letzten Aufgabe: $24{,}024 = \frac{24024}{1000} = \frac{3003}{125}$ Man sieht, je größer die Zahlen sind umso schwieriger wird die Suche nach gemeinsamen Teilern in Zähler und Nenner. Deshalb sollte erst nach dem Kürzen des Bruchteils die Umwandlung in einen unechten Bruch erfolgen.

Aufgabe 4 (6 Punkte)

Standardaufgabe, die allerdings wieder Grundwissen aus der 5. Klasse voraussetzt: „Produkte, deren Ergebnis eine Stufenzahl ist" z.B. $4 \cdot 25 = 100$; $8 \cdot 125 = 1000$; ....

a) (2 Punkte)

$$\frac{32}{25} = \frac{32 \cdot 4}{25 \cdot 4} = \frac{128}{100} = 1{,}28$$

Hinweis:
Die Zerlegung des Nenners in Primfaktoren ist $25 = 5 \cdot 5$, d.h. eine Erweiterung des Bruches mit 4 macht aus dem Nenner eine Stufenzahl, sodass die Zahl als Dezimalzahl geschrieben werden kann. Stufenzahlen sind 10, 100, 1000, 10000, ... Den Nenner auf eine Stufenzahl zu erweitern ist immer dann möglich, wenn die Primfaktorenzerlegung des Nenners nur

	aus den Faktoren 2 und 5 besteht. Ein anderer Lösungsweg erhält man durch Division: 32 : 25 = 1,28. Diese dauert *aber länger.*
b) (2 Punkte) $-\frac{3}{8}=-\frac{3\cdot 125}{8\cdot 125}=-\frac{375}{1000}=-0{,}375$	*Hinweis:* Einen Nenner 125 oder 8 kann man immer durch Multiplikation mit 8 oder 125 auf die Stufenzahl 1000 erweitern. *Auswendig lernen:* $8\cdot 125=1000$
c) (2 Punkte) $\frac{39}{52}$: Die Primfaktorenzerlegung des Nenners ist $52=2\cdot 2\cdot 13$. Der Faktor 13 zeigt an, dass man den Nenner nicht zu einer Stufenzahl erweitern kann. **Ausnahme:** Man kann den Bruch mit 13 kürzen (und das ist hier der Fall): $\frac{39}{52}=\frac{3\cdot 13}{4\cdot 13}=\frac{3}{4}=\frac{3\cdot 25}{4\cdot 25}=\frac{75}{100}=0{,}75.$	*Hinweis:* Wenn möglich, einen Bruch kürzen.

Aufgabe 5 (8 Punkte) ✔

Vergleichen von Brüchen.

Vorüberlegung: Einige Brüche kann man noch kürzen. Ebenso sind einige Zahlen als unechter Bruch (Zähler größer als Nenner) und einige als gemischte Zahl dargestellt. Das Kürzen und eine gleiche Darstellung der Zahlen machen diese Aufgabe wesentlich einfacher:

$\frac{35}{60}=\frac{5\cdot 7}{5\cdot 12}=\frac{7}{12}$ und $\frac{38}{14}=\frac{2\cdot 19}{2\cdot 7}=\frac{19}{7}=2\frac{5}{7}$ und $\frac{165}{132}=\frac{3\cdot 55}{3\cdot 44}=\frac{5\cdot 11}{4\cdot 11}=\frac{5}{4}=1\frac{1}{4}$ Folgende Paare mit gleichen Werten ergeben sich somit: $\frac{35}{60}$ und $\frac{7}{12}$; $\frac{38}{14}$ und $2\frac{5}{7}$; $1\frac{1}{4}$ und $\frac{165}{132}$	

<table>
<tr><td colspan="2">Aufgabe 6 (6 Punkte) ✔
Textaufgabe zu Brüchen und Anteilen, wobei hier das Kapitel „Maßeinheiten“ (Umrechnungen in kleinere oder größere Einheiten) nicht verlangt wird.</td></tr>
<tr><td>a) (3 Punkte)
Zuerst wurden $\frac{5}{8}$ von 1000m = $\frac{5}{8}\cdot 1000 =$ <u>625m</u> verbraucht.
Der Rest ist 1000m – 625m = 375m.
Dann wurden 60% von 375m = $\frac{60}{100}\cdot 375 = \frac{3}{5}\cdot 375 =$
<u>225m</u> verbraucht.
Insgesamt wurden 625m + 225m =850m verbraucht.</td><td>Hinweis 1:
Sehr oft tauchen sogenannte „Von-Aufgaben“ auf. Es handelt sich dabei immer um eine Multiplikation, z.B. $\frac{3}{5}$ von 15 = $\frac{3}{5}\cdot 15 = 3\cdot 3 = 9$.

Hinweis 2:
Eine Prozentzahl kann man immer als rationale Zahl schreiben und somit allen Rechenoperationen der rationalen Zahlen unterziehen. Allgemein:
$p\% = \frac{p}{100}$. Im hier vorliegenden Fall
$60\% = \frac{60}{100} = \frac{3}{5}$</td></tr>
<tr><td>b) (3 Punkte)
Es blieben 1000m – 850m = 150m übrig.

Der Bruchteil errechnet sich dann aus $\frac{150}{1000} = \frac{3}{20}$</td><td>Hinweis:
Oft wird nicht nach dem Bruchteil sondern nach dem prozentualen Anteil gefragt. Das ist hier $\frac{150}{1000} = \frac{15}{100} = 15\%$.
D.h. Der Nenner ist durch Kürzen oder Erweitern - wenn möglich - auf 100 zu bringen. Wenn nicht, muss man die Division durchführen und danach das Ergebnis mit 100 multiplizieren.</td></tr>
</table>

Gesamtpunkte: **38**

Punkte	38-37	36-35	34-32	31-29	28-25	24-22	21-19	18-13	12-8	7-4	3-0
Note	1	1,5	2	2,5	3	3,5	4	4,5	5	5,5	6

1. Schulaufgabe aus der Mathematik

Aufgabe 1

Gib die Brüche in Grundform (d.h. vollständig gekürzt), als Dezimalzahl sowie in Prozentschreibweise an:

a) $\frac{35}{50}$ b) $\frac{18}{150}$ c) $\frac{96}{80}$

Aufgabe 2

Kürze vollständig ohne vorheriges Ausmultiplizieren.

a) $\frac{14}{182}$ b) $\frac{204}{160}$ c) $\frac{24\cdot 33\cdot 49}{14\cdot 110\cdot 12}$

Aufgabe 3

Wie ändert sich der Wert eines Bruchs, wenn dieser Bruch zuerst mit 21 erweitert und anschließend mit 7 gekürzt wird?

Aufgabe 4

Ordne folgende Brüche möglichst geschickt der Größe nach: $\frac{19}{25}$; $\frac{5}{12}$; $\frac{19}{37}$; $\frac{15}{12}$

Aufgabe 5

Bestimme die Lösungsmenge, wobei x nur Werte aus den natürlichen Zahlen annehmen kann.

$\frac{2}{3} < \frac{x}{15} < \frac{16}{20}$

Aufgabe 6

Gib die Bruchzahl genau in der Mitte von $\frac{3}{7}$ und $\frac{4}{9}$ an.

Aufgabe 7

In der 6. Jahrgangsstufe werden 144 Schüler nach ihren Lieblingssportarten befragt.

a) Ergänze die folgende Tabelle.

	Anzahl Schüler	Bruchteil	Mittelpunkts-winkel
Handball	36		
Fußball		$\frac{2}{9}$	
Reiten		$\frac{7}{36}$	
Tennis	24		
Hockey	16		
Schwimmen	8		

b) Fertige zu den Daten ein Kreisdiagramm an.

Viel Erfolg !

Lösung Schulaufgabe 1.2

Zeit: 55 Minuten

Aufgabe 1 (6 Punkte, a), b) und c) jeweils 2 Punkte) ✓ Kürzen und Prozenzahl bestimmen	
a) $\frac{35}{50} = \frac{70}{100} = 0{,}70 = 70\ \%$ $\frac{35}{50} = \frac{7}{10}$	*Hinweis:* Das 1x1 ist sehr wichtig. Versuche durch Erweitern den Nenner auf eine Stufenzahl zu bringen: 10; 100; 1000, 10000; .....
b) $\frac{18}{150} = \frac{3}{25} = \frac{12}{100} = 0{,}12 = 12\%$	*Hinweis:* Auswendig lernen: $4 \cdot 25 = 2 \cdot 50 = 100$ aber auch $8 \cdot 125 = 1000$
c) $\frac{96}{80} = \frac{6}{5} = \frac{120}{100} = 1{,}2 = 120\%$	

Aufgabe 2 (7 Punkte, Teilaufgaben a) und b) jeweils 2 Punkte, Teilaufgabe c) 3 Punkte) ✓ Zahlenstrahl, ohne Zeichnung	
a) $\frac{14}{182} = \frac{1}{13}$	*Hinweis:* Es ist offensichtlich, dass man mit 2 kürzen kann. Die Zahl 14 lässt vermuten, dass man noch durch 7 kürzen könnte. Also insgesamt durch $2 \cdot 7 = 14$. Auch hier: Goßes und kleinen 1x1 unbedingt lernen
b) $\frac{204}{160} = \frac{51}{40}$	*Hinweis:* 204 ist durch 4 teilbar, da die Zahl, die durch die letzten beiden Ziffern gebildet wird - 04 - durch 4 teilbar ist.
c) $\frac{24 \cdot 33 \cdot 49}{14 \cdot 110 \cdot 12} = \frac{4 \cdot 6 \cdot \cancel{3} \cdot \cancel{11} \cdot 7 \cdot \cancel{7}}{2 \cdot \cancel{7} \cdot 10 \cdot \cancel{11} \cdot \cancel{3} \cdot 4} = \frac{21}{10}$	*Hinweis:* Versuche die Zahlen geschickt zu zerlegen - nicht unbedingt in alle in Primfaktoren

Aufgabe 3 (3 Punkte) Achtung Fangfrage	
Der Werte eines Bruches ändert sich beim Kürzen wie Erweitern nicht. Antwort: Der Wert ändert sich nicht.	*Hinweis:* **Nicht** verwechseln mit: Multiplikation des Bruches mit 21 und dann Division des Bruches durch 7.

Aufgabe 4 (4 Punkte) ✔ Anteile und Prozente	
$\frac{5}{12} < \frac{19}{37} < \frac{19}{25} < \frac{15}{12}$	*Hinweis:* Schaue dir die Brüche genau an: $\frac{15}{12}$ ist > 1 und somit größte Zahl. $\frac{19}{25} > \frac{19}{37}$ und $\frac{19}{37} > \frac{5}{12}$, da $\frac{19}{37} > \frac{1}{2}$ und $\frac{5}{12} < \frac{1}{2}$

Aufgabe 5 (4 Punkte) Ungleichungen	
$\frac{2}{3} < \frac{x}{15} < \frac{16}{20}$ $\frac{2}{3} = \frac{10}{15}$ $\frac{16}{20} = \frac{4}{5} = \frac{12}{15}$ $\frac{10}{15} < \frac{x}{15} < \frac{12}{15}$ Die Ungleichung wird nur von x =11 erfüllt, also Lösung: **x = 11** L = {11}	*Hinweis:* Der Trick: Bringe die rechte und linke Seite der Ungleichung auf den gleichen Nenner, hier 15

Aufgabe 6 (4 Punkte) ✔ Verständnis für Bruchzahlen	
Lösung durch Überlegung: $\frac{4}{9} = \frac{28}{63} = \frac{56}{126}$ $\frac{3}{7} = \frac{27}{63} = \frac{54}{126}$ In der Mitte zwischen $\frac{4}{9}$ und $\frac{3}{4}$ liegt die Zahl $\frac{55}{126}$. Lösung durch Rechnen: $\left(\frac{4}{9} + \frac{3}{7}\right) : 2 = \left(\frac{28}{63} + \frac{27}{63}\right) : 2 = \frac{55}{126}$	*Hinweis:* Es reicht nicht die Brüche auf den Hauptnenner 63 zu erweitern sondern auf 126. Solltest du schon alle vier Rechenarten bei Brüchen kennen: Mitte = (1.Wert + 2.Wert):2

Aufgabe 7 (8 Punkte, a 5 Punkte, b 3 Punkte) ✔	
siehe unten	*Hinweis:* Bringe den Bruchteil auf den Nenner 360, dann hast du im Zähler den Mittelpunktswinkel
	Hinweis: Wähle den Radius des Kreises groß genug und zeichne sauber

Lösung Schulaufgabe 1.2

a)

	Anzahl Schüler	Bruchteil	Mittelpunktswinkel
Handball	36	$\frac{36}{144}=\frac{1}{4}=\frac{90}{360}$	90°
Fußball	*32*	$\frac{2}{9}=\frac{80}{360}$	80°
Reiten	*28*	$\frac{7}{36}=\frac{70}{360}$	70°
Tennis	24	$\frac{24}{144}=\frac{1}{6}=\frac{60}{360}$	60°
Hockey	16	$\frac{16}{144}=\frac{1}{9}=\frac{40}{360}$	40°
Schwimmen	8	$\frac{8}{144}=\frac{1}{18}=\frac{20}{360}$	20°
Summe	144	$\frac{360}{360}=1$	360°

b)

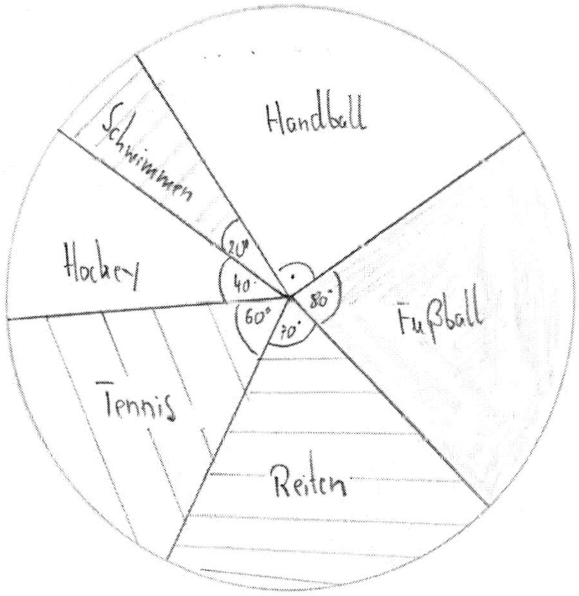

Gesamtpunkte: **36**

Punkte	36-35	34-33	32-30	29-27	26-24	23-21	20-18	17-13	12-8	7-4	3-0
Note	1	1,5	2	2,5	3	3,5	4	4,5	5	5,5	6

Wozu brauche ich den Hauptnenner ?

Säulendiagramme veranschaulichen Zahlen !

Wie runde ich Dezimalbrüche ?

Wie löse ich Zahlenrätsel mit Bruch- und Dezimalzahlen ?

Prozentzahlen sind Bruchzahlen !

Schulaufgaben 2

Was ist eine Vierfeldertafel ?

Dezimalbrüche miteinander multiplizieren und dividieren !

Die relative Häufigkeit ist keine Wahrscheinlichkeit !

2. Schulaufgabe aus der Mathematik

Aufgabe 1

a) Welche Dezimalzahl liegt genau in der Mitte von −8,346 und 0,55?

b) Gib zwei Dezimalzahlen an, die zwischen $-\frac{7}{4}$ und $-\frac{7}{5}$ liegen.

Aufgabe 2

Stelle den Term auf und berechne:

Subtrahiere von der Summe aus $10\frac{7}{8}$ und $\frac{2}{3}$ die Differenz aus $5\frac{11}{18}$ und $2\frac{5}{12}$.

Aufgabe 3

Zwei Schachspieler haben über ihre letzten Partien genau Buch geführt und folgendes festgestellt: 44% all ihrer Partien endeten remis (unentschieden), 30% ihrer Partien dauerten maximal 2 Stunden, von den Partien, die über zwei Stunden gedauert haben, endete die Hälfte unentschieden.

a) Wie viel Prozent ihrer Partien dauerte maximal zwei Stunden und hatten einen Gewinner?

Hinweis: Verwende die Vierfeldertafel

b) Moritz gewann dreimal so oft wie Matthias. Wie viel Prozent aller Partien gewann Moritz?

Aufgabe 4 Runden

a) Runde 4,25382 auf Hundertstel.

____

b) Runde 10,582745 auf Tausendstel.

____

c) Gib die kleinste und größte Zahl mit zwei Nachkommastellen an, aus der durch Rundung 6,20 entsteht.

____

Aufgabe 5 Geschicktes Rechnen

a) Es ist $52 \cdot 62 = 3224$. Gib die Produktwerte von $5{,}2 \cdot 0{,}062$ und $0{,}0052 \cdot 620$ an.

b) Setze bei den Ziffernfolgen das Komma so, dass die entstehende Zahl zwischen 1 Hundertstel und 1 Tausendstel liegt: 0000073528

Aufgabe 6 Textaufgabe

Zur Geburtstagsfeier gibt es selbstgemachten Fruchtsaft. Dazu werden 3,075 l Orangensaft und 3 Flaschen Apfelsaft (zu je 0,75 l) gemixt. Zum Schluss werden noch 0,125 l Zitronensaft dazu gegeben. Der Fruchtsaft wird gleichmäßig auf 25 Gläser verteilt. Wie viel Saft kommt in jedes Glas?

Viel Erfolg !

Lösung Schulaufgabe 2.1

Zeit: 40 Minuten

Vorüberlegungen

- **Allgemein**
  Die Schulaufgabe beinhaltet den Stoff „Dezimalzahlen, Addition und Subtraktion der Bruchrechnung, Vierfeldertafel, Runden von Dezimalzahlen und eine Textaufgabe zu Dezimalbrüchen.

- **zu Aufgabe 1**
  Hier wird geprüft, ob du ein Verständnis für Dezimalbrüche hast. Dezimalbrüche aber sind „nur“ eine Erweiterung der ganzen Zahlen, wo dieser Aufgabentyp bereits besprochen wurde. Einfache Umwandlungen von Brüchen in Dezimalbrüchen werden verlangt.
  a) Diese Aufgabe verlangt von dir ein Verständnis für die „Lage“ von rationalen Zahlen.
  Tipp: Trage die Zahlen auf einem Zahlenstrahl ein. Oft kommt man über eine bildliche Vorstellung schneller zur Lösung.
  b) Die Teilaufgabe wird einfacher, sobald du die Brüche in Dezimalzahlen umgewandelt hast.

- **zu Aufgabe 2**
  In dieser anspruchsvollen Aufgabe wird zweierlei gefragt:
  1. Die Angaben in Form eines „mathematischen“ Textes sind in einen Term zu „übersetzen“. Das ist eine Standard-Anforderung und wird oft in Schulaufgaben verlangt.
  Tipp: Verwechsle nicht den Subtrahenden mit dem Minuenden.
  2. klassische Bruchrechnung. In der 2. Schulaufgabe ist meistens gemäß dem Lehrplan die Addition und Subtraktion von Bruchzahlen von Bedeutung. Dabei sollten die Teilterme (lange Klammern) separat berechnet werden.

- **zu Aufgabe 3**
  Vierfeldertafel. In dieser Schulaufgabe ist eine Vierfeldertafel mit Prozentangaben bzw. Anteilen zu erstellen. Oft wird die Vierfeldertafel auch zusätzlich genutzt um Bruchzahlen in Prozentzahlen (und umgekehrt) umzurechnen.
  Bei Teilaufgabe b) ist die Idee, dass aufgrund der Aussage „...dreimal so oft .....“ es insgesamt vier Teile gibt. Nicht ganz einfach.

- **zu Aufgabe 4**
  Das sind klassische Rundungsaufgaben, wie sie nahezu in jeder Schulaufgabe vorkommen.

- **zu Aufgabe 5**
  Das ist eine typische „Verständnisaufgabe“, wie sie vom G8-Lehrplan verlangt wird. Du musst lediglich die Kommaregeln für die Multiplikation (Division) wissen, ein mühsames Rechnen wird nicht verlangt.

- **zu Aufgabe 6**
  klassische Textaufgabe. Ziel dabei ist es, die Angabe wieder in die „Mathematik zu übersetzen“ und dann alle vier Rechenarten bei Dezimalzahlen auszuführen.

Fazit

Diese Schulaufgabe ist eine gute Mischung aus Überlegungsaufgaben (3b, 5 und 6) und technischen Aufgaben (1, 2 und 3). Der Schwierigkeitsgrad ist mittel bis hoch.

Lösung Schulaufgabe 2.1

<table>
<tr><td colspan="2">Aufgabe 1 (6 Punkte, a) und b) jeweils 3 Punkte)</td></tr>
<tr><td>a)
Mitte= (−8,346 + 0,55) : 2 = −7,796 : 2 = − 3,898

Nebenrechnungen:

8,346
- 0,550
1 1
―――
7,796

7,796 : 2 = 3,898
-6
17
-16
19
-18
16
- 16
0

Antwort: Die Mitte ist −3,898</td><td>Hinweis:
Die Mitte errechnet sich wie folgt: Addiere beide Zahlen und teile das Ergebnis durch 2.

Denke daran: Du ziehst bei einer Addition mit verschiedenen Vorzeichen von der dem Betrage nach größeren Zahl die kleinere Zahl ab. Das Vorzeichen richtet sich nach der Zahl deren Betrag größer ist.</td></tr>
<tr><td>b)
$-\frac{7}{4} = -\frac{175}{100} = -1{,}75$ und $-\frac{7}{5} = -\frac{140}{100} = -1{,}4$
Zwei mögliche Zahlen sind −1,6 und −1,5.
Alle Zahlen, die größer als − 1,75 und kleiner als − 1,4 sind, sind Lösungen der Aufgabe.</td><td>Hinweis: Schreibe die Bruchzahlen als Dezimalbrüche. Erweitere dazu die Brüche so, dass im Nenner Stufenzahlen sind. Somit kannst du die Bruchzahlen leicht als Dezimalbrüche schreiben.</td></tr>
</table>

<table>
<tr><td colspan="2">Aufgabe 2 (6 Punkte) ✔</td></tr>
<tr><td>$(10\frac{7}{8} + \frac{2}{3}) - (5\frac{11}{18} - 2\frac{5}{12}) =$
$(10\frac{21}{24} + \frac{16}{24}) - \left(5\frac{22}{36} - 2\frac{15}{36}\right) =$
$10\frac{37}{24} - 3\frac{7}{36} = 11\frac{13}{24} - 3\frac{7}{36} = 11\frac{39}{72} - 3\frac{14}{72} = 8\frac{25}{72}$</td><td>Hinweis: Lese die Angabe genau. Überlege genau, was ist der Minuend und was der Subtrahend.

Finden des Hauptnenners z.B. 18 und 12: ist der größere Wert (18) Vielfaches vom kleineren Wert (12)? Nein. Ist 2·18=36 Vielfaches von 12. Ja → 36 ist HN</td></tr>
</table>

Aufgabe 3 (7 Punkte, a) 5 Punkte, b) 2 Punkte)

Lösung Schulaufgabe 2.1

	remis	kein remis	gesamt
max. 2 Std.	9%	21%	**30%**
über 2 Std.	35%	35%	70%
gesamt	**44%**	56%	**100%**

Hinweis: Fette Werte sind durch die Aufgabe gegeben. Die anderen Werte lassen sich aus den gegebenen Werten errechnen.

a) Aus der Vierfeldertafel ergibt sich: 21% der Partien dauerten max. 2 Stunden und endeten nicht remis.	
b) Aus der Vierfeldertafel folgt: 56% der Partien hatten einen Gewinner. Davon gewann aber Moritz ¾. $\frac{3}{4}$ von $56\% = \frac{3}{4} \cdot 56\% = 42\%$. Antwort: Moritz gewann 42% aller Partien.	*Hinweis:* Die beiden Schachspieler am Anfang der Aufgabe heißen Moritz und Matthias

Aufgabe 4 (4 Punkte) ✔
Die Teile a) und b) dieser Rundungsaufgabe gehören zum Grundwissen. Teil c) stellt eine Vernetzung des Rundungsthemas dar.

a) (1 Punkt) $4{,}25382 \approx 4{,}25000 =$ **4,25** ↑	*Hinweis:* gerundet auf Hundertstel bedeutet, du musst dir die Tausendstel-Ziffer, also 3 anschauen. 3<5, also abrunden. Die folgende Nullen kannst du weglassen
b) (1 Punkt) $10{,}582745 \approx 10{,}583000 =$ **10,583** ↑	*Hinweis:* gerundet auf Tausendstel bedeutet, du musst dir die Zehntausendstel-Ziffer, also 7 anschauen. 7>5, also aufrunden. Die folgende Nullen kannst du weglassen
c) (2 Punkte) Die Zahl muss kleiner als 6,2 sein, d.h du musst aufrunden. Also 6,19 oder 6,191 oder 6,151 oder 6,15 oder ...... Alle diese Zahlen auf Zehntel gerundet ergeben 6,2. 6,149 ist aber auf Zehntel gerundet 6,1. Also die kleinste auf 6,2 gerundete Zahl ist **6,15**.	*Hinweis:* Nicht irritieren lassen durch die letzte 0 (Hundertstel) 6,20 = 6,2. 6,2 ist eine auf **Zehntel** gerundete Zahl.
$6{,}24 \approx 6{,}2$ Die größte auf 6,2 gerundete Zahl ist **6,24.**	Die Zahl wurde auf Zehntel gerundet, also ist die Hunderter-Ziffer verantwortlich für das Abrunden.

Lösung Schulaufgabe 2.1

Aufgabe 5 (4 Punkte)
Das eigentliche Thema dieser Aufgabe ist das Multiplizieren von Dezimalzahlen, wobei das Ergebnis der Multiplikation der entsprechenden natürlichen Zahlen (Dezimalzahlen ohne Komma) schon gegeben ist. Du musst dann „nur" noch der Kommaregel anwenden die Anzahl der Nachkommastellen bestimmen.

a) (2 Punkte)
$5{,}2 \cdot 0{,}062 =$ **0,3224**

Hinweis: Es sind insgesamt 4 (=1 + 3) Nachkommastellen.

$0{,}0052 \cdot 620 =$ **3,224**
Es sind insgesamt 3 Nachkommastellen: 4 Stellen durch die 1. Zahl. Die 2. Zahl reduziert diese durch die eine Zehnerpotenz ($620 = 62 \cdot 10$), die Nachkommastelle um eine Stelle. Also insgesamt sind es $4 - 1 = 3$ Nachkommastellen.

b) (2 Punkte)
1 Hundertstel = 0,01
1 Tausendstel = 0,001
Die gesuchte Zahl muss
größer als 0,001 z.B. 0,007 und
kleiner 0,01 sein z.B. 0,007

Hinweis: Schreibe 1 Hundertstel und 1 Tausendstel als Dezimalzahl und konzentriere dich auf die **erste** relevante Ziffer, nämlich 7.

Die gesuchte Zahl heißt 000,0073528 = **0,0073528**

Du kannst die 2 führenden Nullen (vor dem Komma) weglassen

Aufgabe 6 (4 Punkte) ✓

Hinweis: Berechne zuerst die Gesamtmenge des Saftes. Dann musst du durch die Anzahl der Gesamtgläser teilen.

Gesamtmenge des Fruchtsaftes (2 Punkte)

Apelsaft: 0,75 l · 3 Flaschen =	2,25**0** l
Orangensaft	+ 3,875 l
Zitronensaft	+ 0,125 l
Gesamtmenge	6,250 l = *6,25 l*

Fruchtsaft pro Glas (1 Punkt)

6,25 l : 25 = 0,25 l
-50
125
-125
0
Antwort: In jedes Glas kommt **0,25 l.**

Gesamtpunkte: **31**

Punkte	31 -30	29	28-26	25-23	22-20	19-18	17-16	15-11	10-6	5-3	2-0
Note	1	1,5	2	2,5	3	3,5	4	4,5	5	5,5	6

2. Schulaufgabe aus der Mathematik

Aufgabe 1 (Umformungen)

Schreibe dezimal in der in der Klammer angegebenen Einheit:

a) 427 mm (dm) b) 3 min (h) c)3 kg 48 g (kg)

Aufgabe 2

Betrachte die Dezimalzahl – 0,065432

a) Streiche eine Ziffer, so dass das Ergebnis möglichst groß ist: ___________

b) Füge eine Ziffer hinzu, so dass das Ergebnis

möglichst klein ist: ___________

Aufgabe 3

Kann man eine Schokolade so an zwei Personen verteilen, dass die eine $\frac{3}{4}$ und die andere $\frac{3}{10}$ der Schokolade bekommt? Begründe deine Antwort.

Aufgabe 4 (Addition Subtraktion)

Berechne geschickt!

a) $2\frac{43}{48}+1\frac{1}{48}-2\frac{1}{4}$

b) $\left(12\frac{3}{4}-11\frac{7}{8}\right)+\left(2\frac{3}{5}-0,5\right)$

c) 0,951 + 0,00945 - 0,960045=

Aufgabe 5 (Vierfeldertafel)

Auf dem Flughafen wurden 300 Mallorca-Reisende befragt, mit welcher Sprache sie sich im Urlaubsland verständigen.

Ein Drittel der Befragten sprach nur Deutsch, 5% sprachen sowohl Deutsch als auch Spanisch. Jeder zehnte Befragte gab an, Englisch und Spanisch zu sprechen.

a) Fülle die Vierfeldertafel aus.

	Deutsch	Spanisch	
Deutsch			
Englisch			
			300

bitte wenden!

b) Wie viel Prozent der Befragten können sich auf Mallorca in der Landessprache Spanisch verständigen?

c) Gib an, welcher Bruchteil der Befragten Deutsch und Englisch spricht.

Aufgabe 6
Zwei 1 € - Münzen wurden 60-mal geworfen. Als Ergebnis des Wurfes wurde die Anzahl der oben liegenden Wappen gezählt. Das Ergebnis des Zufallsexperiments wurde im untenstehenden Diagramm dargestellt: (*Antworte in vollständigen Sätzen und ggf. bitte auf separatem Blatt);*

a) Erläutere das Säulendiagramm!

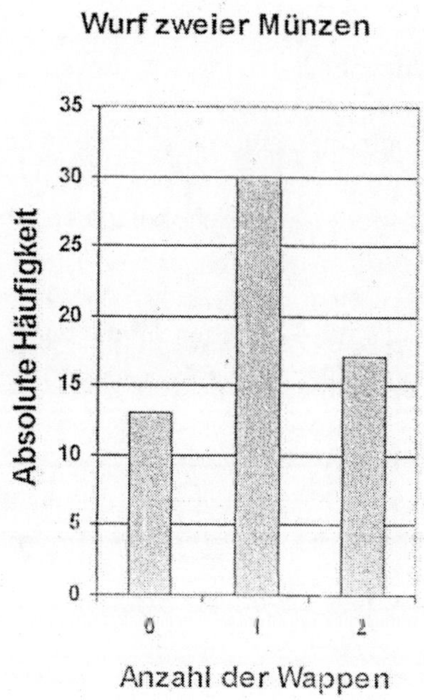

b) Ermittle aus dem Diagramm die relative Häufigkeit der Kombination Wappen / Zahl.

c) Begründe, warum das Diagramm nicht die Wahrscheinlichkeit wieder gibt.

Viel Erfolg !

Lösung Schulaufgabe 2.2

Zeit: 30 - 40 Minuten

Vorüberlegungen

- **Allgemein**
  Die Schulaufgabe beinhaltet den Stoff „Dezimalzahlen", Addition und Subtraktion der Bruchrechnung, Vierfeldertafel, Runden von Dezimalzahlen. Eine weitere Aufgabe testet dein Wissen über den Zusammenhang zwischen relativer Häufigkeit und Wahrscheinlichkeit.

- **zu Aufgabe 1**
  Das sind klassische Umwandlungsaufgaben zwischen verschiedenen Einheiten. Abgefragt wird hier dein Wissen über die dezimale Darstellung von Größen. Du solltest aber fit bzgl. den Umwandlungen der Größen aus der Grundschule sein.
  Es ist eine relativ leichte Einstiegsaufgabe in diese Schulaufgabe.
- **zu Aufgabe 2**
  Diese Aufgabe beinhaltet Verständnisfragen bzgl. den Dezimalbrüchen: Wie ist die Größenordnung bei den Nachkommazahlen. Gleichzeitig werden die ganzen Zahlen herangezogen, die du bereits durch ähnliche Aufgaben in der 5. Klasse angewendet hast. Relativ leichte Aufgabe.
- **zu Aufgabe 3**
  Hier wird lediglich abgefragt, ob du weißt, dass die Summe aller relativen Häufigkeiten eines Teils (hier Schokolade) gleich 1 ist. Nebenbei musst du eine leichte Bruchrechnung (Addition) ausführen.
- **zu Aufgabe 4**
  Es handelt sich um klassische Bruchrechnung. Hierbei hält sich die Komplexität in Grenzen (wie es ja nach dem G8-Lehrplan sein sollte). Die Teilaufgabe c) erinnert sehr an Aufgabentypen aus der 4. Klasse Grundschule - sollte aber trotzdem sehr gut beherrscht werden.
- **zu Aufgabe 5**
  Spannungslose Aufgabe über die Vierfeldertafel. In den Teilaufgaben b) und c) wird wieder der Zusammenhang zwischen Bruchteil, Anteil und Prozentwert abgefragt.
- **zu Aufgabe 6**
  Diese Aufgabe weicht von den Standard- und üblichen Rechenaufgaben ab. Es werden so gut wie keine (komplexen) Rechnungen verlangt. Ziel der Aufgabe ist es, ein Diagramm interpretieren zu können und das wichtige „Empirische Gesetz der großen Zahlen" zu beleuchten. Es wurden auch relativ einfache Lösungssätze zugelassen (siehe alternative Lösungen).

Fazit

Es handelt sich um eine relativ leichte Schulaufgabe. Dabei hebt sich die letzte Aufgabe wohlwollend von dem in Bayern üblichen technokratischen Ausrechnen ab.

Aufgabe 1 (3 Punkte) ✓ Bei Umwandlungen in andere Einheiten musst du unbedingt den Umrechnungsfaktor einzelner Größen als Vorwissen haben. Schreibe immer den Umrechnungsfaktor hin.	
a) (1 Punkt) 1 dm = 10 cm = 100 mm → Umrechnungsfaktor ist 100. 427 mm = **4,27 dm**	*Hinweis:* Beim Umrechnen von einer kleineren Einheit zu einer größeren Einheit, „wandert" das Komma um die Anzahl der Nullen des Umrechnungsfaktors nach links; bei Umwandlung in eine kleinere Einheit „wandert" das Komma nach rechts. Beachte: 427 mm = 427,0 mm
b) (1 Punkt) 3 min = 3 : 60 h = 3,00 : 60 = **0,0 5 h** - 300 0 3 Minuten entsprechen 0,05 Stunden.	*Hinweis:* Hier ist der Umrechnungsfaktor keine Zehnerpotenz. Dann musst du den Anteil an der nächst größerer Einheit bilden. 1 h = 60 min, bzw. durch den Umrechungsfaktor teilen
c) (1 Punkt) 1 kg = 1000 g → Umrechnungsfaktor = 1000 48 g = 0,048 kg Insgesamt : 3 kg 48 g = **3,048 kg**	*Hinweis:* Schreibe 48 g = 0048,0 g und beachte obige Regel.

Aufgabe 2 (2 Punkte) Lage von negativen Dezimalbruchzahlen	
a) (1 Punkt) -0,0~~6~~5432 = -0,05432	*Hinweis:* Dadurch, dass die Zahl negativ ist und die erste von 0 verschiedene Nachkommastelle größer als alle folgende Ziffern ist, musst du diese streichen um eine große Zahl zu erhalten.
b) (1 Punkt) - 90,065432	*Hinweis:* Eine dem Betrag nach größte negative Zahl ist am kleinsten.

Aufgabe 3 (3 Punkte)

Nein, denn die Summe der Anteile darf 1 nicht überschreiten.

Es ist $\frac{3}{4}+\frac{3}{10}=\frac{15}{20}+\frac{6}{20}=\frac{21}{20}>1$

Aufgabe 4 (6 Punkte)

a) (2 Punkte)

$2\frac{43}{48}+1\frac{1}{48}-2\frac{1}{4}=3\frac{44}{48}-2\frac{1}{4}=3\frac{11}{12}-2\frac{1}{4}=$

$3\frac{11}{12}-2\frac{3}{12}=1\frac{8}{12}=1\frac{2}{3}$

Alternative: $2\frac{43}{48}+1\frac{1}{48}-2\frac{1}{4}=2\frac{43}{48}+1\frac{1}{48}-2\frac{12}{48}=1\frac{32}{48}=1\frac{2}{3}$

Hinweis: In dieser Lösung wurde die ersten beiden Summanden zuerst addiert bevor die Subtraktion ausgeführt wurde.

Es ist aber auch die Alternative problemlos möglich.

b) (2 Punkte)

$\left(12\frac{3}{4}\quad 11\frac{7}{8}\right)+\left(2\frac{3}{5}-0,5\right)$

Es ist $12\frac{3}{4}=12\frac{75}{100}=12,75$ und $11\frac{7}{8}=11\frac{875}{1000}=11,875$

und $2\frac{3}{5}=2\frac{6}{10}=2,6$

Also 12,75 – 11,875 + 2,6 – 0,5

= 12,75 + 2,6 -(11,875 + 0,5) = 15,35 – 12,375

= 2,975

Alternative: $\left(12\frac{3}{4}-11\frac{7}{8}\right)+\left(2\frac{3}{5}-0,5\right)=$

$\left(12\frac{6}{8}-11\frac{7}{8}\right)+\left(2\frac{6}{10}-\frac{5}{10}\right)=11\frac{14}{8}-11\frac{7}{8}+2\frac{1}{10}=\frac{7}{8}+2\frac{1}{10}$

$=\frac{35}{40}+2\frac{4}{40}=2\frac{39}{40}$ (= 2,975)

Hinweis: Für viele Schüler ist das Rechnen mit Dezimalbrüchen einfacher. Hier kannst du die Nenner aller Brüche leicht auf Stufenzahlen bringen (erweitern). Somit hast du endliche Dezimalbrüche.

c) (2 Punkte)

c) 0,951 + 0,00945 – 0,960045

= 0,96045 – 0,960045 = **0,000405**

Nebenrechnung:

0,96045**0**
<u>- 0,960045</u>
0,999405

Lösung Schulaufgabe 2.2

Aufgabe 5 (8 Punkte) ✓

a) (4 Punkte)

	Deutsch	Spanisch	
Deutsch	**100**	**15**	115
Englisch	155	**30**	185
	255	45	**300**

Gegeben sind: Ein Drittel sprach nur Deutsch:

$\frac{1}{3}$ von 300 = $\frac{1}{3} \cdot 300 = 100$

5% sprachen sowohl Deutsch als Spanisch:

5% von 300 = $\frac{5}{100} \cdot 300 = 0{,}05 \cdot 300 = 15$

Jeder Zehnte sprach Englisch und Französisch:

$\frac{1}{10}$ von 300 = $\frac{1}{10} \cdot 300 = 30$

Hinweis:

Es gilt $p\% = \frac{p}{100}$

Also $5\% = \frac{5}{100}$

b) (2 Punkte)

Aus der Vierfeldertafel sieht man: 45 Personen können Spanisch:

$\frac{45}{300} = \frac{15}{100} = 15\%$

Antwort: **15%** der Reisenden sprechen Spanisch.

c) (2 Punkte)

Aus der Vierfeldertafel sieht man:155 Personen können Deutsch und Englisch:

$\frac{155}{300} = \frac{31}{60}$

Antwort: $\frac{31}{60}$ sprechen Deutsch und Englisch.

Aufgabe 6 (8 Punkte)	
a) (3 Punkte) Das Säulendiagramm zeigt die absoluten Häufigkeiten der Ergebnisse an. Insgesamt wurde 13-mal kein Wappen, 30 mal 1 Wappen und 17-mal 2 Wappen geworfen. Probe: $13 + 30 + 17 = 60$	*Hinweis:* Die absoluten Häufigkeiten müssen **natürliche** Zahlen sein. (13,30 und 17) Eine *falsche* Antwort wäre: „ In dem Säulendiagramm ist angegeben, welche absoluten Häufigkeiten für Zahl und für Wappen stehen.
b) (2 Punkte) Von den 60 Versuchen (Würfen) gab es 30 Mal Wappen / Zahl. Anteil: $\frac{30}{60} = \frac{1}{2} = \frac{5}{10} = 50\%$	*Hinweis:* Den Anteil kannst du als Bruch oder Prozentzahl angeben.
c) (3 Punkte) *Alternative 1:* Die Wahrscheinlichkeit ist ein theoretischer Wert, hier ist aber ein praktisches Experiment wiedergegeben. *Alternative 2:* Die Anzahl der Würfe ist nicht groß genug, um eine Annäherung entsprechend dem „Empirischen Gesetz der großen Zahlen" an die tatsächliche Wahrscheinlichkeit zu erreichen	*Hinweis:* Von Vorteil ist, wenn du das Empirische Gesetz der großen Zahlen hinschreiben kannst: „Wird ein Zufallsexperiment sehr oft ausgeführt, dann stabilisiert sich die relative Häufigkeit eines einzelnen Ergebnisses um eine bestimmte Bruchzahl, die dann die „Wahrscheinlichkeit" genannt wird.

Gesamtpunkte: **30**

Punkte	30-29	28-27	26-24	23-21	20-18	17-16	15-13	12-11	10-6	5-3	2-0
Note	1	1,5	2	2,5	3	3,5	4	4,5	5	5,5	6

Was
sind
Perioden
?

Textaufgaben auch
bei
rationalen Zahlen
!

Wie multipliziere
ich gemischte
Zahlen
?

Wie berechne ich
Flächen von
Dreiecken, Rechtecken
und Trapezen
?

Rechnen mit allen
4 Rechenarten mit
rationalen Zahlen
!

Schulaufgaben 3

Was bedeutet
„Größe“
bei Flächen
?

Beim Rechnen mit
Größen müssen alle
Werte mit gleichen
Einheiten vorliegen
!

Für die Umwandlung
von Flächengrößen in
verschiedene
Einheiten ist 100 ganz
wichtig
!

3. Schulaufgabe aus der Mathematik

Aufgabe 1

Berechne sorgfältig!

$$\left(6{,}5\cdot 2{,}35-\frac{11}{40}\right):8=$$

Aufgabe 2

Ohne Berechnung!

Wie wird eine Dezimalzahl durch eine Dezimalzahl dividiert?

Formuliere die Regel ausführlich mit Fachbegriffen in eigenen Worten!

____

____

____

Aufgabe 3

Berechne mit Gesamtansatz!

Ein Käufer will auf einem rechteckigen Grundstück mit der Länge 75 m und der Breite 46 m ein Hotel errichten. Die Vorschriften besagen, dass er höchstens zwei Drittel des Grundstücks bebauen darf. Er unterschreitet dieses Höchstmaß noch um 200 m^2. Wie viel muss er für die Grundfläche des Hotels bezahlen, wenn der Quadratmeter 350,90 € kostet?

bitte wenden!

Aufgabe 4

Ein Dreieck mit der Seite $c = 16$ cm hat einen Flächeninhalt von $A_{Dreieck} = 1{,}2 dm^2$.

a) Berechne die zugehörige Höhe h_c des Dreiecks!

b) Welche Länge hat die Seite a eines Parallelogramms, das den gleichen Flächeninhalt hat wie das Dreieck, wenn die Parallelogrammhöhe $h_c = 7{,}5$ cm beträgt?

Aufgabe 5

Bei einem Trapez mit dem Flächeninhalt $A_{Trapez} = 24 cm^2$ ist die Höhe h so lang wie eine Grundseite und halb so lang wie die andere Grundseite.

a) Beschrifte die <u>Skizze!</u>

b) Bestimme die Höhe h und die Längen der beiden Grundseiten des Trapezes.

Skizze:

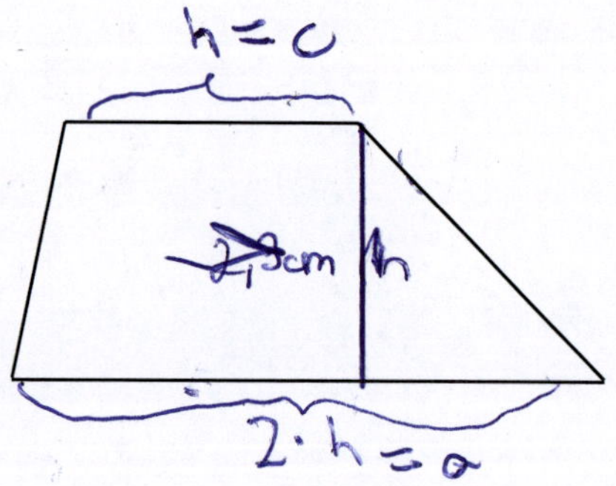

Viel Erfolg !

Lösung Schul-
aufgabe 3.1

Lösung Schulaufgabe 3.1

Zeit: 30 - 35 Minuten

Vorüberlegungen

- **Allgemein**
  Die Schulaufgabe beinhaltet den Stoff „Vier Rechenarten innerhalb der rationalen Zahlen $\mathbb{Q}$", „Flächeninhalt von Dreiecken und Parallelogrammen" und eine Anwendungsaufgabe, die mit Hilfe der Bruchrechnung zu lösen ist.

- **zu Aufgabe 1**
  Standardaufgabe bzgl. der Verbindung aller vier Rechenarten der rationalen Zahlen. Der Schüler hat zu entscheiden, ob er mit Dezimalbrüchen, Brüchen oder beiden zur Lösung gelangt. Faire Aufgabe, da die Komplexität nicht übertrieben ist.

- **zu Aufgabe 2**
  Lernabfrage. Es lohnt sich die Kommaregeln für Dezimalbrüche auswendig zu lernen und an Hand von einem Beispiel zu erläutern.

- **zu Aufgabe 3**
  Anwendungsaufgabe, deren Lösung die Bruchrechnung beinhaltet. Bzgl. des Verständnisses werden keine überhöhten Ansprüche gestellt. Lediglich das Schreiben eines Gesamtansatzes ist anspruchsvoll.

  zu Aufgabe 4
  Formel zum Flächeninhalt eines Dreiecks anwenden. Höhe durch Überlegung anhand anderer gegebener Daten finden. Die Lösung dieser Aufgabe ist ein Vorgriff auf den Stoff der 7. Klasse, dort werden dann solche Aufgaben anhand einer Gleichung gelöst. Das ist eine typische Vorgehensweise: Aufgaben, die zu einem späteren Zeitpunkt ausführlich besprochen werden, werden bereits im früheren Stadium behandelt.
  Teilaufgabe b) ist ähnlich wie Teilaufgabe a). Doch diesmal handelt es sich um ein Parallelogramm.

- **zu Aufgabe 5**
  Grundvoraussetzung ist das Wissen der Flächenformel für ein Trapez. Diese Aufgabe ist ein Einstieg in die abstrakte Denkweise, wie sie in der 7. Klasse dann üblich ist. Solche Art von Aufgaben muss im Unterricht gut geübt worden sein.
  In Teilaufgabe b) wird ein ein sehr abstraktes Denkvermögen verlangt. Diese Aufgabe ist für Schüler der 6. Klasse äußerst schwer, denn das Ergebnis des Lösungsansatzes ist eine quadratische Gleichung. Zur Lösung kommt man dann durch „Wurzelziehen", was ja erst Thema in der 9. Klasse ist. Aber der Schluss auf Zahlen, deren Quadrat gegeben ist, wird in „schwereren" Schulaufgaben öfters verlangt.

- **Fazit**
  Hauptthema dieser Schulaufgabe sind die geometrischen Gesichtspunkte bei Dreiecken und Parallelogrammen. Das Rechnen in $\mathbb{Q}$ kommt nur in der Aufgabe 1 zum Tragen. Aufgabe 1-3 sind gut lösbar (wenn du gelernt hast), Aufgabe 5 haben nur wenige Schüler gelöst. Der Notendurchschnitt war nicht gut.

Lösung Schulaufgabe 3.1

Aufgabe 1 (4 Punkte)
Bei Umwandlungen in andere Einheiten musst du unbedingt den Umrechnungsfaktor einzelner Größen als Vorwissen haben. Schreibe immer den Umrechnungsfaktor hin.

$\left(6{,}5 \cdot 2{,}35 - \frac{11}{40}\right) : 8 =$ $\left(15{,}275 - \frac{275}{1000}\right) : 8 = (15{,}275 - 0{,}275) : 8 =$ 15 : 8 = **1,875**	*Hinweis:* Es empfiehlt sich die Rechenaufgabe mit Dezimalbrüchen zu erledigen. $\frac{11}{40} = 0{,}276$ lässt sich leicht in einen Dezimalbruch umwandeln, da die Primfaktorenzerlegung des Nenners 40 lediglich aus 2 und 5 besteht.

Aufgabe 2 (3 Punkte)
Lernabfrage

1. Verschiebe zuerst das Komma beider Dezimalzahlen so lange um jeweils eine Stelle nach rechts, bis der Divisor eine natürliche Zahl ist. Danach rechne wie gewohnt. 2. Bestimme das Vorzeiechen des Ergebnisses. 3. Führe die Division wie bei natürlichen Zahlen durch. Beim Überschreiten des Kommas wird im Ergebnis ein Komma gesetzt. 4. Das Ergebnis einer Division kann auch ein periodischer Dezimalbruch sein. Das erkennst du, wenn sich beim Divisionsverfahren ein Rest wiederholt. Beispiel: 1,468 : 0,06 = 146,8 : 6 = $24{,}4\overline{6}$ -12 26 -24 28 -24 40 -36 4 usw.	*Hinweis:* Rechenregeln für Dezimalbrüche auswendig lernen. Ein Beispiel tut sich immer gut. Ob der Dividend nach dem Kommaverschieben auch eine natürliche Zahl ist oder nicht spielt keine Rolle.

Lösung Schulaufgabe 3.1

Aufgabe 3 (6 Punkte)	
Gesamtansatz: $(\frac{2}{3}\cdot 75m\cdot 46m-200m^2)\cdot 350{,}90\frac{€}{m^2}$ $=(\frac{2}{3}\cdot 3450m^2-200m^2)\cdot 350{,}90\frac{€}{m^2}$ $=(2300m^2-200m^2)\cdot 350{,}90\frac{€}{m^2}$ $=(2100m^2)\cdot 350{,}90\frac{€}{m^2}$ $=(2100m^2)\cdot 350{,}90\frac{€}{m^2}=736890€$ Antwort: Er muss **736890 €** für das Hotelgrundstück zahlen.	*Hinweis:* Klammern nicht vergessen. Nebenrechnungen auf einem extra Blatt.

Aufgabe 4 (6 Punkte)	
a) (3 Punkte) Die Formel zur Flächenberechnung des Dreiecks ist: $A_{Dreieck} = 0{,}5 \cdot c \cdot h_c$ oder mit den gegebenen Zahlen: $120cm^2 = 0{,}5 \cdot 16cm \cdot h_c$ oder $120cm^2 = 8cm \cdot h_c$ Dann errechnet sich $h_c = 120cm^2 : 8cm = 15cm$ Antwort: Die Höhe h_c ist **15cm** lang.	*Hinweis:* $1\ dm^2 = 100cm^2$ Wichtig: Du ersparst dir einige Kommas wenn du die kleinste sinnvolle Einheit verwendest (hier cm, bzw. cm^2) Wichtig: Bei der Division musst du immer „gleichartige" Größen haben: Hier cm^2: cm
b) (3 Punkte) Die Formel zur Flächenberechnung des Parallelogramms ist: $A_{Paral.} = a \cdot h$ oder mit den gegebenen Zahlen: $120cm^2 = a \cdot 7{,}5cm$ Dann errechnet sich $a = 120 : 7{,}5 = 1200 : 75 = 16$ cm Antwort: Die Seitenlänge ist **16cm** lang.	*Hinweis:* Es ist $1cm^2 : 1cm = 1cm$

Aufgabe 5 (6 Punkte)

a) (3 Punkte)
Du kannst die beiden Grundseiten mittels der Höhe ausdrücken:
c = h und a = 2h

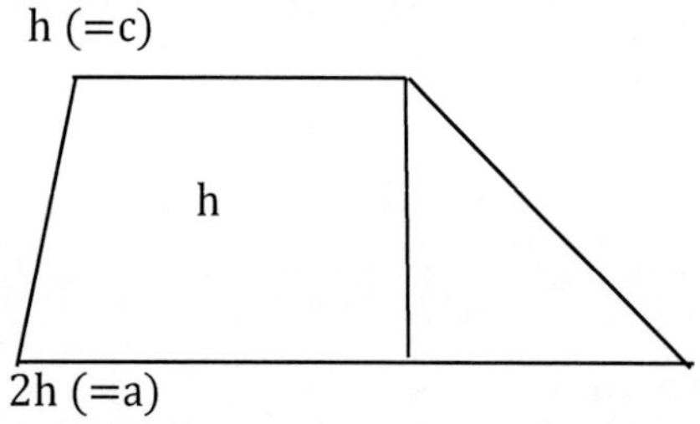

Hinweis: Eine Skizze ist nicht maßstabsgetreu.

b) (3 Punkte)
Die Formel zur Flächenberechnung des Trapez ist:
$A_{Trapez.} = 0{,}5 \cdot (a + c) \cdot h$ oder mit den gegebenen Werten:
$24cm^2 = 0{,}5 \cdot (2h + h) \cdot h$ oder
$24cm^2 = 0{,}5 \cdot 3h \cdot h$ oder $24cm^2 = 1{,}5 \cdot h^2$

Dann ist sich $h^2 = 24 : 1{,}5 = 1240 : 14 = 16\ cm^2$.
Dann ist **h = 4cm**.
Dann ist **c = 4cm** und a = 2·4cm = **8cm.**

Hinweis:
Es ist $1cm^2 : 1cm = 1cm$

Welche Zahl h mit sich selbst multipliziert ergibt 16?
Das ist 4.

Gesamtpunkte: **27**

Punkte	25-24	23-22	21-19	18-17	16-14	13-12	11-9	8-6	5-4	3-2	1-0
Note	1	1,5	2	2,5	3	3,5	4	4,5	5	5,5	6

3. Schulaufgabe aus der Mathematik

Aufgabe 1

Berechne und schreibe das Ergebnis in der angegebenen Form

a) 385 : 2,4 (Ergebnis als Dezimalbruch)

b) $7\frac{1}{3}\cdot 1\frac{13}{77}$ (Ergebnis als Bruch)

c) $0,\overline{28}:\left(1,75+\frac{5}{18}-1\frac{1}{4}\right)$ (Ergebnis als Dezimalbruch)

Aufgabe 2

Erkläre mit Worten, wie man zwei endliche Dezimalbrüche miteinander multipliziert.

____

____

____

Aufgabe 3

Ein Wassereimer fasst 8 Liter Wasser, eine Regentonne 108 Liter, sie ist allerdings nur zu $\frac{9}{10}$ gefüllt.

a) Wie oft muss man laufen, wenn die Tonne mit dem Eimer leergeschöpft werden soll?

bitte wenden!

b) Mit dem vorhandenen Regenwasser können 162 Flaschen gefüllt werden. Wie viel Liter Wasser enthalten die Flaschen dann?

Aufgabe 4

a) Gegeben sind zwei Parallelogramme. Beide Parallelogramme haben den gleichen Flächeninhalt. Das linke Parallelogramm ist doppelt so hoch wie das rechte Parallelogramm. Was kannst du dann über die Grundlinien der beiden Parallelogramme aussagen?
Begründe deine Aussage!

____

____

____

b) Petra löst eine Geometrieaufgabe mit folgendem Term:
$(67{,}3\ \text{dm} + 2{,}3\ \text{m}) \cdot 0{,}5 \cdot 0{,}6\ \text{m}$. Wie könnte die Aufgabe gelautet haben? (Den Termwert musst du nicht berechnen)

____

____

Aufgabe 5

Von dem abgebildeten Trapez ist ein Teil in Form eines Parallelogramms verdeckt (graue Fläche). Der nicht verdeckte Teil bildet ein Dreieck. (Siehe die nicht maßstabsgetreue Skizze)

a)Zeichne die Höhe des nicht verdeckten Dreiecks in nebenstehender Skizze ein und berechne den Flächeninhalt des Dreiecks.

b) Welcher Bruchteil des ganzen Trapezes ist verdeckt? Wie viel Prozent sind dies?

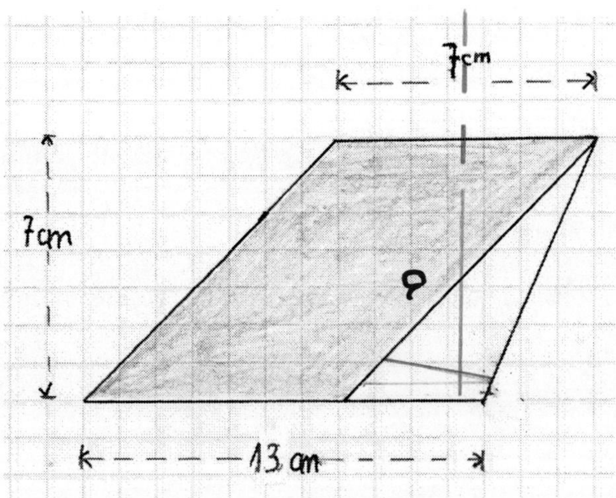

Viel Erfolg !

Lösung Schulaufgabe 3.2

Zeit: 40 Minuten

Vorüberlegungen

- **Allgemein**
  Die Schulaufgabe beinhaltet den Stoff „Rationale Zahlen", d.h. alle vier Grundrechenarten mit Klammern bei Brüchen und Dezimalbrüchen. Eine Textaufgabe verlangt auch das Rechnen mit rationalen Zahlen. Weitere Themen sind geometrische Figuren und Berechnung deren Flächeninhalte.

- **zu Aufgabe 1**
  Diese Aufgabe sind ein Muss für eine Schulaufgabe in der 6. Klasse. Teilaufgabe a) fragt die Kommaregel bei der Division ab - eine sehr beliebte Aufgabe. Teilaufgabe b) gehört ebenfalls zum Standard, wobei die Komplexität dieser Aufgabe angenehm kurz und trotzdem ausreichend ist. In Teilaufgabe c) kommt die Umwandlung eines periodischen Dezimalbruchs in einen Bruch zur Anwendung. Aus eigener Erfahrung: Nicht alle Lehrer besprechen diese Aufgabentypen ausführlich, z.B. Wie kommt man von der Periodendarstellung zum Bruch.

- **zu Aufgabe 2**
  Die Regeln für das Rechnen mit Dezimalbrüchen sind ein beliebtes Thema für Lernabfragen.

- **zu Aufgabe 3**
  Die Umsetzung dieser Anwendungsaufgabe führt zur Bruchrechnung.

- **zu Aufgabe 4**
  Teilaufgabe a) ist in der 6. Klasse nur durch Überlegung zu lösen. Ein algebraischer Vergleich $A_1 = A_2$ führt zu einer Gleichung. Das Lösen einer Gleichung gehört aber zum Lernstoff der 7. Klasse. *Hinweis:* Seit Einführung des G8 findet man solche Aufgaben öfters in Schulaufgaben. D.h. es werden Fakten gefragt, die man auf verbale Art löst, die algebraische mathematische Lösung ist aber erst zu einem späteren Zeitpunkt gegeben.
  Teilaufgabe b) prüft das Wissen über die Flächenberechnung von Trapezen ab. Der Schluss von einem Lösungsansatz auf die Aufgabe verlangt gründliche Kenntnisse der Thematik bzw. der Formeln und repräsentiert die neue G8-Aufgabenkultur.

- **zu Aufgabe 5**
  Um die Aufgabe zu lösen sind notwendig:
  - mathematisches Verständnis zum Finden des Lösungsansatzes
  - Eigenschaften eines Trapezes (Flächengleichheit)
  - Flächeninhalt von (stumpfwinkligen) Dreiecken.
  Es ist eine anspruchsvolle Aufgabe.

- **Fazit**
  Es handelt sich um eine typische Schulaufgabe der Klasse 6, die dem anspruchsvollen bayerischen G8-Gymnasialstandard entspricht.

Lösung Schulaufgabe 3.2

Aufgabe 1 (7 Punkte)
absolute Standardaufgaben

a) (2 Punkte)

$385 : 2{,}4 = 3850 : 24 = 160{,}41\overline{6}$

-24
145
-144
100
- 96
40
-24
160
-144
16 usw.

Hinweis: Du musst die Division leider bis zum bitteren Ende durchführen. Aber die Anzahl der Divisionen bis zum Erreichen der Periode sind bei Schulaufgaben in der Regel nicht länger.

b) (2 Punkte)

$7\frac{1}{3}\cdot 1\frac{13}{77} = \frac{22}{3}\cdot\frac{90}{77}$ In unechten Bruch umformen

$= \frac{2}{1}\cdot\frac{30}{7} = \frac{60}{7} = 8\frac{4}{7}$

Hinweis: Bei Multiplikationsaufgaben solltest du immer die gemischten Zahlen in unechte Brüche umwandeln. Vor der Multiplikation immer Kürzen.

c) (3 Punkte)

$0{,}\overline{28} : \left(1{,}75 + \frac{5}{18} - 1\frac{1}{4}\right) = \frac{28}{99} : \left(1{,}75 - 1{,}25 + \frac{5}{18}\right) =$

$\frac{28}{99} : \left(\frac{1}{2} + \frac{5}{18}\right) = \frac{28}{99} : \left(\frac{9}{18} + \frac{5}{18}\right) =$

$\frac{28}{99} : \left(\frac{14}{18}\right) = \frac{28}{99}\cdot\frac{9}{7} = \frac{4}{11}\cdot\frac{1}{1} = \frac{4}{11}$

Hinweis: In der Klammer zuerst die Subtraktion der Dezimalbrüche ausrechnen. Dann musst du mit Brüchen weiterrechnen.

Aufgabe 2 (3 Punkte)
Lernabfrage

Alternative 1:
1. Überschlag ausrechnen
2. Kommas weglassen
3. Zahlen multiplizieren
4. Komma so setzen, dass das Ergebnis genauso viele Stellen nach dem Komma hat, wie die beiden Faktoren zusammen
5. Ergebnis mit Überschlag vergleichen

Beispiel: $4{,}3 \cdot 1{,}05$
Überschlag: $4{,}3 \cdot 1 = 4{,}3$
$43 \cdot 105 = 4515$
3 Nachkommastellen: 4,515

Alternative 2:
Multipliziere zunächst ohne Berücksichtigung der Kommas. Setze das Komma so, dass das Ergebnis ebenso viele Stellen hinter dem Komma hat, wie die beiden Faktoren zusammen.

Hinweis: Ein Beispiel zum Text schadet nicht.
Tipp: Lerne die Rechenregeln bzgl. den Dezimalbrüchen auswendig,

Aufgabe 3 (6 Punkte)

a) (3 Punkte)
Wasser in der Regentonne:

$\frac{9}{10}$ von 108 Liter = $\frac{9}{10} \cdot 108 = 97{,}2$ Liter

Anzahl der Läufe:

97,2 : 8 = 12,15
-8
17
-16
12
- 8
40
- 40
0

Antwort: Man muss 13-mal Laufen bis die Tonne leer ist.

Hinweis:
Bei „Von-„ Aufgaben wird multipliziert, d.h. übersetze „von" mit „·"

b) (3 Punkte)
Anzahl der Flaschen:

97,2 Liter: 162 = 0,6 Liter

Antwort: Eine Flasche enthält 0,6 Liter Wasser.

Aufgabe 4 (5 Punkte)

a) (3 Punkte)
Die Flächeninhalte beider Parallelogramme sind gleich.

$a_l \ 2h_r = a_r \cdot h_r$

Wenn die Höhe des linken Parallelogramms doppelt so groß ist wie die des rechten Prallelogramms, dann muss die Grundseite des rechten Parallelogramms doppelt so groß sein wie die Grundseite des linken Parallelogramms.

Hinweis: Eine Hilfe ist, wenn du die Aussage der Flächengleichheit hinschreibst.
Flächeninhalt eines Parallelogramms ist: A = g · h

b) (2 Punkte)
Aufgabentext:
Bestimme den Flächeninhalt eines Trapezes mit den Grundlinien 67,3 dm und 2,3 m und der Höhe 0,6 m.

Hinweis: Du solltest erkennen, dass es sich um die Formel handelt, die den Flächeninhalt eines Trapezes angibt. Es ist $0{,}5 = \frac{1}{2}$.

$A_{Trapez} = \frac{1}{2} \cdot (a+c) \cdot h$

Dabei wird das Kommutativgesetz der Multiplikation berücksichtigt.

Lösung Schulaufgabe 3.2

Aufgabe 5 (6 Punkte, a) 3 Punkte und b) 3 Punkte)

Anwendungsaufgabe, Flächenberechnungen

a)

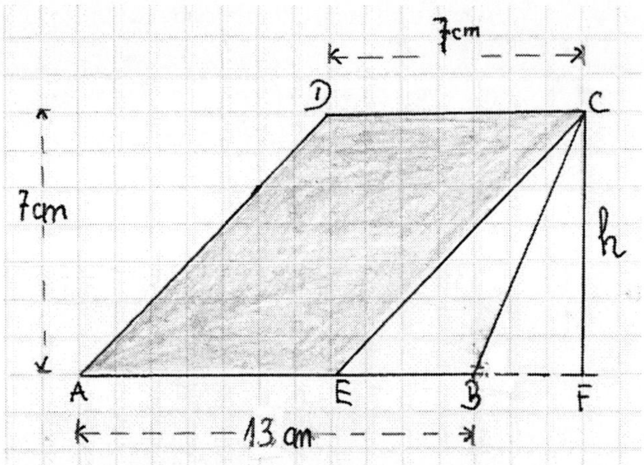

Das Dreieck EBC ist stumpfwinklig, deshalb liegt die Höhe außerhalb des Dreiecks. Es gilt h = 7 cm; $\overline{EB} = 13 - 7 = 6\text{cm}$

$A_{Dreieck} = \frac{1}{2} \cdot \overline{EB} \cdot h = \frac{1}{2} \cdot 6 \cdot 7 = 21\ cm^2$

Der Dreiecksflächeninhalt beträgt **21 cm²**.

Hinweise:
Beschrifte die Eckpunkte der Skizze mit fortlaufenden Buchstaben.
Schreibe immer die allgemeine Formel für den Flächeninhalt.

b) Flächeninhalt Trapez ABCD:

Alternative 1:

Flächeninhalt Parallelogramm AECD:

$A_{Parallelogramm} = \overline{AE} \cdot h = 7 \cdot 7 = 49\ cm^2$

$A_{Trapez} = A_{Parallelogramm} + A_{Dreieck} = 49\ cm^2 + 21\ cm^2 = 70\ cm^2$

Alternative 2:

$A_{Trapez} = \frac{1}{2} \cdot (\overline{AB} + \overline{DC}) \cdot h = \frac{1}{2}(13 + 7) \cdot 7 = 70\ cm^2$

Verhältnis $A_{Parallelogramm} : A_{Trapez} = 49\ cm^2 : 70\ cm^2 = 7 : 10$

Der Bruchteil lautet: $\mathbf{\frac{7}{10}}$

Der verdeckte Anteil beträgt **70%** der Fläche des Trapezes.

Hinweis:
Um den Trapezinhalt auszurechnen gibt es 2 Möglichkeiten: Zu der bereits errechneten Dreiecksfläche addierst du die Parallelogrammfläche oder du nimmst die Flächenformel für Trapeze.
Verhältnis; Aufpassen, es wird das Verhältnis „Verdeckte Fläche: Ganze Fläche“ verlangt.

Gesamtpunkte: **27**

Punkte	27-26	25-24	23-22	21-20	19-17	16-15	14-12	11-8	7-4	3-2	1-0
Note	1	1,5	2	2,5	3	3,5	4	4,5	5	5,5	6

Was sind Kurvendiagramme
?

Volumen von Quadern und Würfeln
!

Wie rechne ich mit Platzhalter
?

Was ist der Umrechnungsfaktor bei Raumgrößen
?

Bei der Darstellung von Zahlen in Diagrammen können oft nur Näherungswerte verwendet werden
!

Schulaufgaben 4

Welche Vorfahrtsregeln gibt's beim Rechnen
?

Beim Rechnen mit Größen müssen alle Werte mit gleichen Einheiten vorliegen
!

Bei komplexen Rechnungen Übersicht bewahren
!

4. Schulaufgabe aus der Mathematik

Aufgabe 1

Die Grafik zeigt die Entwicklung der Aktie der Firma "Biomars" in den Monaten Januar bis Juni.

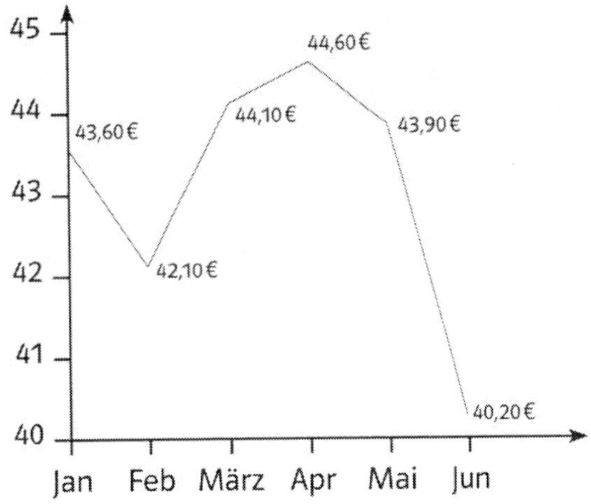

a) Um wie viel Prozent hat die Aktie der Firma vom Mai auf Juni verloren?

b) Im letzen Jahr hatte die Aktie durchschnittlich einen Wert von 43,65€. Hat sie diesen Durchschnittswert auch in den dargestellten 6 Monaten erreicht?

c) Die Grafik vermittelt den Eindruck. als sei die Aktie der Firma "Biomars" vom Mai bis Juni so abgestürzt, dass sie fast nichts mehr wert ist? Wodurch entsteht dieser Eindruck?

d) Zeichne ein Säulendiagramm, das die Entwicklung des Aktienkurses vom Januar bis Juni realistisch darstellt?

Aufgabe 2

a) Addiere die drei größten der folgenden Zahlen: $-\frac{13}{6}; -2\frac{1}{3}; -2\frac{7}{24}; -2,\overline{1}; -\frac{17}{8}$

b) Welcher der fünf Zahlen aus a) hat den größten Betrag?

bitte wenden!

Aufgabe 3

Zwei Händler bieten ein Mountainbike zum selben Preis an.

Händler A reduziert den Preis dieses Mountainbikes auf $\frac{19}{20}$ des ursprünglichen Preises und erhöht später wieder auf $\frac{11}{10}$ des reduzierten Preises.

Händler B verteuert das Mountainbike zunächst auf $\frac{11}{10}$ des ursprünglichen Preises und ermäßigt später wieder auf $\frac{19}{20}$ des erhöhten Preises.

Wer ist jetzt der preisgünstigere: Händler A oder Händler B?

Aufgabe 4

Welche der folgenden Aussagen sind richtig, welche falsch? Kreuze entsprechend an und gib für die falschen Aussagen ein Gegenbeispiel an.

	wahr	falsch
a) Ziehe ich von einer rationalen Zahl ihre Gegenzahl ab, so erhalte ich eine positive Zahl	☐	☐
b) Der Quotient aus einer rationalen Zahl und dem Betrag einer ganzen Zahl ist immer positiv.	☐	☐
c) Das Produkt einer rationalen Zahl mit ihrem Kehrbruch ist immer -1.	☐	☐
d) Wenn für eine rationale Zahl a gilt $-1 < a < 1$, dann ist der Betrag ihres Kehrbruchs immer größer als 1.	☐	☐

Aufgabe 5

Gib in der in Klammern angegebenen Maßeinheit an:

a) $100\ m^3\ (dm^3) =$ ______________________

b) $5\ dm^3\ 14\ cm^3\ 3\ mm^3\ (mm^3) =$ ______________________

c) $23000\ cm^3\ (l) =$ ______________________

d) $\frac{1}{2}\ m^3\ (cm^3) =$ ______________________

(Es kommen noch Aufgaben 6 und 7!)

Aufgabe 6

Frisch gefallener Schnee hat ungefähr die Masse 80 g pro Liter.

a) Berechne, wie viel 1 m^3 Schnee wiegen.

b) Auf einem flachen Hausdach liegen 880 kg frisch gefallener Schnee. Er bildet eine Schneedecke, die 20 cm hoch ist. Berechne welche Fläche das Dach (in m^2) hat.

Aufgabe 7

Paul soll nebenstehendes Netz so ausschneiden, dass ein Würfel entsteht. Die Seitenlänge eines Quadrates beträgt 3 cm.

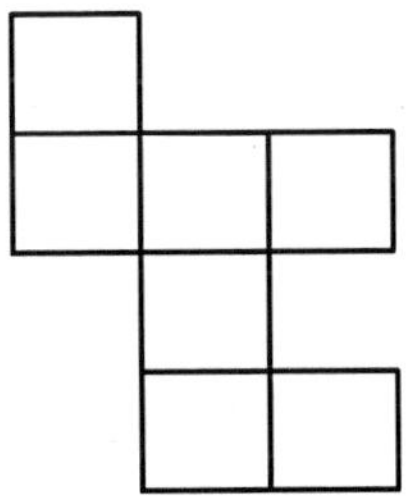

(nicht maßstabsgetreu)

a) Woran merkt Paul, dass die Figur kein Netz ergibt? Korrigiere die Figur so, dass ein Würfelnetz entsteht.

b) Wie groß ist der Rauminhalt dieses Würfels?

c) Bestimme den Oberflächeninhalt des Würfels.

d) Du möchtest aus Draht das Kantenmodell eines solchen Würfels bauen. Wie lang dürfen die Kanten höchstens werden, wenn du 180 cm Draht zur Verfügung hast?

c) Wie ändert sich der Rauminhalt eines Würfels, wenn man alle Kanten doppelt so lang macht?

Viel Erfolg !

Lösung Schul-
aufgabe 4.1

Lösung Schulaufgabe 4.1

Zeit: 45 Minuten

Aufgabe 1 (7 Punkte, a), b) jeweils 2 Punkte, c) 1 Punkt, d) 2 Punkte) Grafik lesen, Mittelwert berechnen	
a) Absoluter Verlust: 43,90 € (Stand Mai) - 40,20 € (Stand Juni) = 3,70 € 1. Lösungsweg mit Formel G·p = P $p=\frac{P}{G}\cdot 100\%=\frac{3{,}70}{43{,}90}\cdot 100\%=8{,}4\%$ 2. Lösungsweg mit Dreisatz (direkte Proportionalität): 34,90€ - 100% 3,70€ - x % $x=\frac{100}{43{,}90}\cdot 3{,}70=8{,}4\%$ Antwort: Der Verlust beträgt **8,4 %.**	*Hinweis:* G = Grundwert p = Prozentsatz P = Prozentwert Da der Verlust gegenüber dem des Monats Mai gefragt ist, ist der Grundwert der Maimonat.
b) (43,6 + 42,1 + 44,1 +44,6 + 43,9 + 40,2) : 6 = 258,5 : 6 = $43{,}08\overline{3}$ Der durchschnittliche Wert des vorherigen Jahres lag bei 43,65 €. Dieser Wert konnte somit nicht erreicht werden.	*Hinweis:* Es ist der Durchschnittswert über alle 6 gegebenen Werte zu errechnen.
c) Der Aktienkurs auf der y-Achse beginnt nicht bei null sondern bei 40. Die Werte bis 40 werden nicht berücksichtigt.	
siehe unten stehende Grafik	

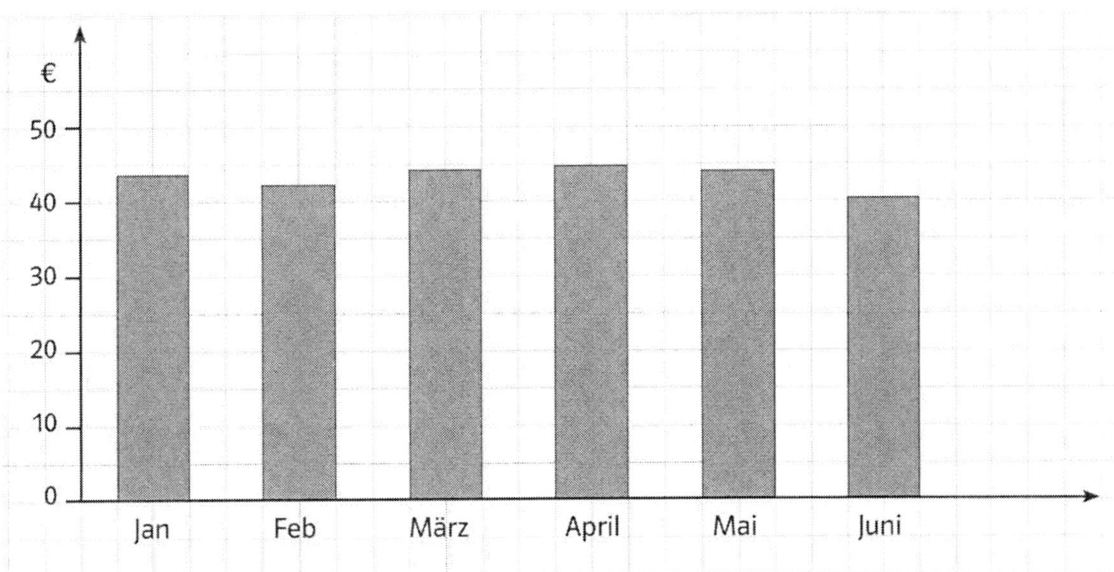

Aufgabe 2 (5 Punkte, a) 4 Punkte, b) 1 Punkt)
Negative Brüche

a)

$$-\frac{13}{6}=-2\frac{1}{6}=-2\frac{12}{72}$$

$$-2\frac{1}{3}=-2\frac{24}{72}$$

$$-2\frac{7}{24}=-2\frac{21}{72}=$$

$$-2,\overline{1}=-2\frac{1}{9}=-2\frac{8}{72}$$

$$-\frac{17}{8}=-2\frac{1}{8}=-2\frac{9}{72}$$

$$-2\frac{8}{72}+\left(-2\frac{9}{72}\right)+\left(-2\frac{12}{72}\right)=-6\frac{29}{72}$$

b) Den größten Betrag hat die Zahl $-2\frac{1}{3}$

$$\left|-2\frac{1}{3}\right|=+2\frac{24}{72}$$

Hinweis:
Alle gemischten Brüche haben die 2 als ganze Zahl. Es muss von den Bruchteilen jeweils der Hauptnenner bestimmt werden. Dieser ist 72.

Aufgabe 3 (4 Punkte)
Sachaufgabe

Beide Händler bieten das Mountainbike anfangs für x € an.

Händler A:

Preis in €

nach Reduzierung $\frac{19}{20}$ von $x=\frac{19}{20}\cdot x$

nach Erhöhung $\frac{11}{10}$ von $\left(\frac{19}{20}\cdot x\right)=\frac{11}{10}\cdot\frac{19}{20}\cdot x$

Händler B:

Preis in €

nach Erhöhung $\frac{11}{10}$ von $x=\frac{11}{10}\cdot x$

nach Reduzierung $\frac{19}{20}$ von $\left(\frac{11}{10}\cdot x\right)=\frac{19}{20}\cdot\frac{11}{10}\cdot x$

Bei beiden Händlern kostet das Mountainbike am Ende wieder gleich viel.

Hinweis:
Du kannst anstatt x auch einen festen Preis nehmen. Denn auf den Preis selber kommt es nicht an, sondern auf die Erhöhung oder Reduzierung.

Aufgabe 4 (4 Punkte)
Hinweis zu a) Die Gegenzahl einer negativen Zahl ist positiv. *Hinweis zu b)* Der Betrag bezieht sich nur auf den Divisor. Der Divident kann negativ sein. *Hinweis zu c) Der Kehrbruch ist nicht zu verwechseln mit der Gegenzahl.* *Hinweis zu d)* Z.B. $1 : \frac{1}{2} = 1 \cdot \frac{2}{1} = 2$. Regel: Man dividiert durch einen Bruch indem man mit dem dessen Kehrwert multipliziert.

	wahr	falsch
a) Ziehe ich von einer rationalen Zahl ihre Gegenzahl ab, so erhalte ich eine positive Zahl Gegenbeispiel: Rationale Zahl: -4 Dann ist die Gegenzahl $+4$. $-4 - (+4) = -8$	☐	X
b) Der Quotient aus einer rationalen Zahl und dem Betrag einer ganzen Zahl ist immer positiv. Gegenbeispiel: Rationale Zahl -4 Betrag einer ganzen Zahl 2 $(-4 : 2) = -2$	☐	X
c) Das Produkt einer rationalen Zahl mit ihrem Kehrbruch ist immer -1. Gegenbeispiel: Rationale Zahl: $\frac{2}{3}$ Kehrbruch: $\frac{3}{2}$ $\frac{2}{3} \cdot \frac{3}{2} = +1$	☐	X
d) Wenn für eine rationale Zahl a gilt $-1 < a < 1$, dann ist der Betrag ihres Kehrbruchs immer größer als 1.	X	☐

Aufgabe 5 (4 Punkte, je Teilaufgabe 1 Punkt) ✔ Der Umrechnungsfaktor bei Volumeneinheiten von einer Einheit zur nächst kleineren Einheit ist 1000.	
a) $100 \text{ m}^3 = \mathbf{100\,000\ dm^3}$; b) $5 \text{ dm}^3\ 14 \text{ cm}^3\ 3 \text{ mm}^3 =$ $5\,000 \text{ cm}^3\ 14\,000 \text{ mm}^3\ 3 \text{ mm}^3 =$ $5\,000\,000 \text{ mm}^3\ 14\,003 \text{ mm}^3 =$ $\mathbf{5\,014\,003\ mm^3}$. c) $23000 \text{ cm}^3 = 23 \text{ dm}^3 = \mathbf{23\ l}$; d) $\frac{1}{2} \text{ m}^3 = 500 \text{ dm}^3 = \mathbf{500\,000\ cm^3}$	*Hinweis:* Wenn du nicht ganz sicher bist, gehe immer zur nächst kleineren Einheit, da der Umrechnungsfaktor dann 1000 ist.

Aufgabe 6 (6 Punkte, a 2 Punkte, b 4 Punkte) ✔	
a) $1 \text{ m}^3 = 1000 \text{ l}$ $1000 \cdot 80 \text{ g} = 80\,000 \text{ g} = 80 \text{ kg}$ 1 m^3 Schnee wiegt ungefähr 80 kg.	*Hinweis:* 1 Liter entspricht 1 dm^3
b) $880 : 80 = 11$. Auf dem Dach liegen ungefähr 11 m^3 Schnee. $11 \text{ m}^3 : 20 \text{ cm} = 11 \text{m}^3 : 0{,}2 \text{ m} = 110 : 2 = 55$. Das Dach hat eine Fläche von $\mathbf{55\ m^2}$.	*Hinweis:* Berechne zuerst das Volumen, indem du das Gewicht durch die Masse teilst. Du teilst das Volumen durch die

	Höhe und erhältst dann die Grundfläche. Achtung: Die Maßeinheiten müßen sich entsprechen.

Aufgabe 7 (7 Punkte, a) 1 Punkt, b) 1 Punkt , c) 1 Punkt , d) 2 Punkte, e) 2 Punkte)

a) Ein Würfel hat 6 Quadrat-Seiten. Somit muss auch jedes Würfelnetz 6 Quadrate besitzen.
In der Figur sind aber 7 Quadrate. Deshalb kann Paul die Figur nicht zu einem Würfel ausschneiden.
Eines der beiden dunkel gefärbten Quadrate muss weg geschnitten werden.

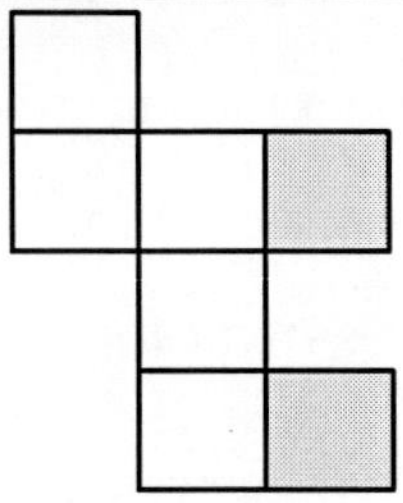

b) **Rauminhalt V des Würfels** $V = a \cdot a \cdot a = (3\ cm)^3 = 27\ cm^3$ Der Würfel hat das Volumen **27 cm³**.	
c) **Oberflächeninhalt O** $O = 6 \cdot a \cdot a = 6 \cdot (3\ cm)^2 = 54\ cm^2$ Der Oberflächeninhalt des Würfels beträgt **54 cm²**.	*Hinweis:* Achte auf die Einheiten. Bei Flächen Quadratzentimeter (cm^2), bei Volumen Kubikzentimeter (cm^3)
d) **Kantenlänge a** Der Würfel hat zwölf Kanten der Länge a. Deshalb gilt: $12 \cdot a = 180\ cm$ $a = 15\ cm$. Die maximale Kantenlänge darf **15 cm** nicht überschreiten.	
e) **Veränderung des Rauminhalts** Wenn die Kantenlänge eines Würfels doppelt so lang gemacht wird, wird der des Rauminhalt **8-mal** so groß.	

Gesamtpunkte: **37**

Punkte	37-36	35-34	33-31	30-28	27-24	23-21	20-18	17-13	12-8	7-4	3-0
Note	1	1,5	2	2,5	3	3,5	4	4,5	5	5,5	6

4. Schulaufgabe aus der Mathematik

Aufgabe 1

Berechne die Bruchterme:

a) $4\frac{1}{2}+\frac{4}{9}\cdot\frac{5}{16}$

b) $\left(\frac{3}{2}\right)^4-3$

c) $\frac{22}{21}:\left(\frac{35}{6}:\frac{49}{18}\right)$

d) $\left(15\frac{7}{8}-5\frac{5}{6}-6\frac{1}{2}\right)\cdot 4\frac{4}{17}-31\frac{1}{2}:2\frac{5}{8}=$

Aufgabe 2

Schreibe zuerst einen Rechenausdruck auf und rechne dann!

a) Addiere zur halben Differenz der Zahlen $\frac{3}{4}$ und $\frac{2}{3}$ den dreifachen Quotienten aus $\frac{61}{8}$ und $\frac{61}{20}$ und multipliziere die erhaltene Summe mit $\frac{10}{9}$.

b) Multipliziere die Differenz der Zahlen $\frac{23}{4}$ und $\frac{7}{2}$ mit dem Quotienten der Zahlen $\frac{11}{4}$ und $\frac{55}{3}$.

Aufgabe 3

Im folgenden Term fehlen die Zahlen:

♣ − (♠ + ♥) + ♦

Du hast die Zahlen 0; $-\frac{1}{2}$; $-1\frac{1}{4}$ und -2 zur Verfügung. Setze sie anstelle der Symbole in den Term ein, dass sich ein möglichst <u>großer</u> Termwert ergibt.
Beschreibe deine Überlegungen kurz.

Aufgabe 4

In nebenstehenden Quader sind Würfel enthalten.

a) Wie viele Würfel fehlen noch um den Quader ganz auszufüllen?
b) Ein Würfel hat das Volumen 8 cm³. Welche Seitenlängen hat der Quader?
c) Wie groß ist das Volumen des Quaders?

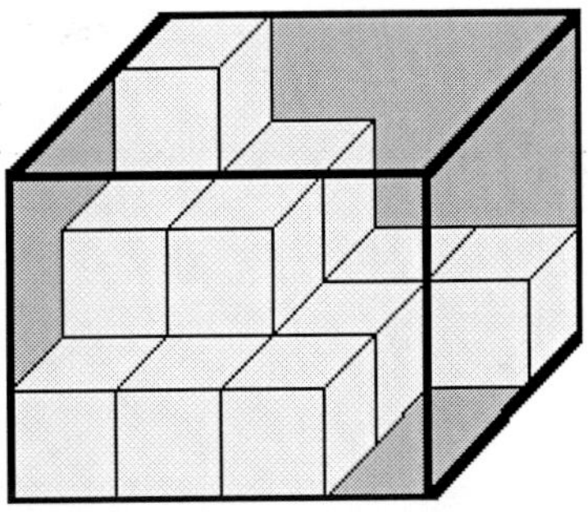

bitte wenden!

Aufgabe 5

Löse mit einem Gesamtansatz:

Ein quaderförmiger Wassertank hat ein Volumen von 46,8 m^3. Durch einen Zulauf können in der Minute 13 l dazu fließen.

a) In wie vielen Stunden ist der leere Wassertank zu 1/3 gefüllt?

b) Wie hoch steht das Wasser, falls der Tank eine Grundfläche von 39 m^2 besitzt und der Tank zu 3/4 gefüllt ist.

Aufgabe 6

Wie ändert sich das Volumen eines Quaders, wenn man seine Länge verdreifacht und gleichzeitig die Höhe auf ein Sechstel der ursprünglichen Höhe gekürzt wird? Begründe allgemein.

Viel Erfolg !

Lösung Schulaufgabe 4.2

Lösung Schulaufgabe 4.2

Zeit: 45 Minuten

Aufgabe 1 (9 Punkte, a), b) und c) jeweils 2 Punkte, d) 3 Punkte) ✔
Verknüpfung aller vier Grundrechenarten

a) $4\frac{1}{2}+\frac{4}{9}\cdot\frac{5}{16}=\frac{9}{2}+\frac{5}{9\cdot4}=\frac{9}{2}+\frac{5}{36}=\frac{162}{36}+\frac{5}{36}=\frac{167}{36}=4\frac{23}{36}$	*Hinweis:* Aufgepasst! Punkt vor Strich
b) $\left(\frac{3}{2}\right)^4-3=\frac{81}{16}-\frac{48}{16}=\frac{33}{16}=2\frac{1}{16}$	*Hinweis:* Potenzrechnung vor Strichrechnung
c) $\frac{22}{21}:\left(\frac{35}{6}:\frac{49}{18}\right)=\frac{22}{21}:\left(\frac{35}{6}\cdot\frac{18}{49}\right)=\frac{22}{21}:\frac{5\cdot3}{1\cdot7}=\frac{22}{21}\cdot\frac{7}{5\cdot3}=\frac{22}{45}$	*Hinweis:* Du teilst durch einen Bruch, indem du mit dem Kehrwert multiplizierst. Vorher kürzen.
d) $\left(15\frac{7}{8}-5\frac{5}{6}-6\frac{1}{2}\right)\cdot4\frac{4}{17}-31\frac{1}{2}:2\frac{5}{8}=\left(4\frac{7}{8}-\frac{5}{6}-\frac{1}{2}\right)\cdot\frac{72}{17}-\frac{63}{2}:\frac{21}{8}$ $=\left(4\frac{21}{24}-\frac{20}{24}-\frac{12}{24}\right)\cdot\frac{72}{17}-\frac{63}{2}\cdot\frac{8}{21}=\left(3\frac{45}{24}-\frac{32}{24}\right)\cdot\frac{72}{17}-\frac{3\cdot4}{1\cdot1}$ $=3\frac{13}{24}\cdot\frac{72}{17}-12=\frac{85\cdot72}{24\cdot17}-12=\frac{5\cdot3}{1\cdot1}-12=3$	*Hinweis:* Bei der Multiplikation und Division: Gemischte Brüche in unechte Brüche umwandeln

Aufgabe 2 (8 Punkte, a) und b) jeweils 4 Punkte) ✔
Zahlenrätsel

a) $\left(\frac{1}{2}\cdot\left(\frac{3}{4}-\frac{2}{3}\right)+3\cdot\left(\frac{61}{8}:\frac{61}{20}\right)\right)\cdot\frac{10}{9}$ $=\left(\frac{1}{2}\cdot\left(\frac{9}{12}-\frac{8}{12}\right)+3\cdot\left(\frac{61}{8}\cdot\frac{20}{61}\right)\right)\cdot\frac{10}{9}$ $=\left(\frac{1}{2}\cdot\frac{1}{12}+3\cdot\frac{5}{2}\right)\cdot\frac{10}{9}=\left(\frac{1}{24}+\frac{15}{2}\right)\cdot\frac{10}{9}$ $=\left(\frac{1}{24}+\frac{180}{24}\right)\cdot\frac{10}{9}=\frac{181\cdot10}{24\cdot9}=\frac{905}{108}=8\frac{41}{108}$	*Hinweis:* "Übersetze" in die *mathematische Sprache* Differenz: Minusrechnung halbe Differenz: $\frac{1}{2}$ Quotienten: Teilaufgabe 3fach: Mal 3 nehmen Summe: Plusrechnung Multipliziere: Malrechnung Vergiss die Klammern nicht
b) $\left(\frac{23}{4}-\frac{7}{2}\right)\cdot\left(\frac{11}{4}:\frac{55}{3}\right)==\left(\frac{23}{4}-\frac{14}{4}\right)\cdot\left(\frac{11}{4}\cdot\frac{3}{55}\right)==\frac{9}{4}\cdot\frac{3}{20}==\frac{27}{80}$	

Aufgabe 3 (4 Punkte, für jedes richtig eingesetzte Symbol 1 Punkt)

♣ − (♠ + ♥) + ♦

Die Summe in der Klammer muss ein möglichst kleiner (negativer) Wert ergeben.
Denn das Minus vor der Klammer "macht" dann aus der kleinen negativen Zahl eine große positive Zahl.
Die beiden anderen Zeichen ganz rechts und links sollen die beiden größten der gegebenen Zahlen sein, denn diese werden addiert.
Also:

♣ $= 0$ oder $-\frac{1}{2}$ ♦ $= 0$ oder $-\frac{1}{2}$

♠ $= -2$ oder $-1\frac{1}{4}$ ♥ $= -2$ oder $-1\frac{1}{4}$

Insgesamt:

$$0-\left(-1\frac{1}{4}+(-2)\right)+\left(-\frac{1}{2}\right)=0-(-1{,}25-2)-0{,}5=-(-3{,}25)-0{,}5=3{,}25-0{,}5=2{,}75$$

Aufgabe 4 (7 Punkte, a) 2 Punkte, b) 3 Punkte und c) 2 Punkte)

Hinweise und Tipps

- Zähle genau ab: „Links hinten" haben wir bereits einen Würfel 2x2x2 Steinen und noch einen neunten obenauf. Außerdem haben wir „vorne am Boden" noch 6 Würfel- Also insgesamt 15.
- zu b) Überlege: Welche Zahl mit sich selber 3x multipliziert ergibt 8: $a \cdot a \cdot a = 8$. Also muss $a = 2$ sein.
  Angemerkt: Derartige Aufgaben nennt man auch „Wurzel ziehen".
- zu c) Schreibe immer die Formel hin, mit der gerechnet wird. Hier V = Länge · Breite · Höhe.

a) Der Quader hat die Maße für die Breite: 4 Würfel, für die Länge: 3 Würfel und für die Höhe ebenfalls 3 Würfel. Also werden insgesamt 4 · 3 · 3 Würfel = 36 Würfel benötigt. Durch genaues Abzählen erhältst du, dass bereits 15 Würfel gelegt sind. Es werden also noch 36 – 15 = **21** Würfel benötigt.

b) $V_{Würfel} = 8\ cm^3$. Dann ist eine Länge des Würfels 2 cm.
Die Breite ist 4 Würfellängen groß, also 4 · 2 cm = 8 cm; die Länge und Höhe jeweils 3 Würfellängen, also 3 · 2 cm = 6 cm.
Länge = **8 cm**; Breite = **6 cm** und Höhe = **6 cm**

c) Alternative 1: 36 Würfel mit einem Volumen $8\ cm^3 \Rightarrow V_{Quader} = 36 \cdot 8\ cm^3 = 288\ cm^3$
Alternative 2: V_{Quader} = Länge · Breite · Höhe = $8\ cm \cdot 6\ cm \cdot 6\ cm = 288\ cm^3$
Das Volumen des Quaders beträgt **288 cm³.**

Lösung Schulaufgabe 4.2

Aufgabe 5 (5 Punkte, a) 2 Punkte, b) 3 Punkte) Quader, Volumen - Anwendungsaufgabe	
a) Gesamtansatz: Zeit = $(\frac{1}{3} \cdot 46{,}8\ m^3) : 13\ l$ 1/3 Volumen des Wassertanks: $\frac{1}{3} \cdot 46{,}8\ m^3 = 15{,}6\ m^3$ $15{,}6\ m^3 : 13\ l = 15{,}6\ m^3 : 13\ dm^3 = 15600\ dm^3 : 13\ dm^3 = 1200$ Der Wassertank ist in 1200 min = 20 Stunden gefüllt. b) Gesamtansatz: $h = (\frac{3}{4} \cdot 46{,}8\ m^3)\ 39\ m^2$ 3/4 Volumen des Wassertanks: $\frac{3}{4} \cdot 46{,}8\ m^3 = 35{,}1\ m^3$ $35{,}1\ m^3 : 39\ m^2 = 0{,}9\ m$ Die Höhe beträgt 0,9 m = 9 dm	*Hinweis*: $1\ l = 1\ dm^3$ *Hinweis:* V = Grundfläche · Höhe, also Höhe = V : Grundfläche

Aufgabe 6 (4 Punkte)	
$V_{alt} = a \cdot b \cdot c$ wobei a,b und c die Kantenlängen darstellen. $V_{neu} = 3a \cdot b \cdot \frac{1}{6} c = 3 \cdot \frac{1}{6} a \cdot b \cdot c = \frac{1}{2} V_{alt}$ Das Volumen halbiert sich.	*Hinweis:* Versuche, das „neue“ Volumen durch das „alte“ Volumen auszudrücken

Gesamtpunkte: **37**

Punkte	37-36	35-34	33-31	30-28	27-24	23-21	20-18	17-13	12-8	7-4	3-0
Note	1	1,5	2	2,5	3	3,5	4	4,5	5	5,5	6

Gründerzeit in Bayern

Vom Consultant zum Bildungstrainer

„Wir bereiten speziell auf Schulaufgaben vor“: Claus Arndt beim Nachhilfeunterricht mit Schülerin Kathi und seinem Sohn Alexander

Claus Arndt (57) hat mit seiner Frau im eigenen Haus ein Lernstudio eröffnet

Claus Arndt hat schon immer gerne unterrichtet. Dass der Dipl.-Mathematiker dieses Hobby irgendwann zum Beruf machen würde, war aber alles andere als vorhersehbar.

Seit den 80er Jahren hat der Vater zweier Söhne als Software-Ingenieur und Presales-Consultant gearbeitet, zuletzt 13 Jahre im selben Unternehmen. Doch 2004 war damit Schluss: „Die Firma hat mit einem Mal großflächig Personal abgespeckt“, erzählt der Waldtruderinger. „Wer gehen wollte, konnte gehen“. Die Entscheidung fiel Arndt leicht, auch weil er eine Abfindung erhielt. Was er damit anfangen würde, darüber muss er nicht lange grübeln. „Ich hatte schon als Student Repetitorien für BWL-Studenten gehalten und mochte die Arbeit immer gerne.“

Mit seiner Frau Monika, Autorin und Übersetzerin, entschied er sich, im Keller ihres Hauses ein Nachhilfestudio zu eröffnen und selbst als **Bildungstrainer** zu arbeiten. „Wir hatten schon immer im Hinterkopf, dass hier in Waldtrudering die Klientel dafür da ist“, sagt Arndt. Denn Nachhilfe ist ein Luxus.

Um sich vorzubereiten, heuerte Arndt ein Jahr als Aushilfslehrer für Mathematik an, zunächst in der Realschule Dachau, später im Heinrich-Heine-Gymnasium. Mittlerweile hat das **Durchblicker Lernstudio Arndt** einen festen Stamm von rund 25 Schülern, die regelmäßig kommen. Eine Stunde Bildungstraining kostet bis zu 50 Euro. „Es war die beste Idee, mich selbständig zu machen“, sagt Arndt. „Nur eines bereue ich: Dass ich es nicht früher gemacht habe.“

Arndt unterrichtet die Nachhilfeschüler in Mathematik, seine Frau in Englisch, Deutsch und Französisch. Wenn die Nachfrage groß genug ist, zum Beispiel zum Schuljahresende hin, helfen weitere Nachhilfelehrer mit aus.

„Wichtig für den Erfolg ist, dass wir die Wünsche unserer Kunden erfüllen.“ Dazu gehören Crashkurse oder Intensivtraining. Außerdem setzt Arndt auf Werbung: Zuletzt hat er einen Werbefilm für die Kinoleinwand in Auftrag gegeben.

„Meine Spezialität ist, die Schüler direkt auf die Schulaufgaben vorzubereiten“, sagt der 57-Jährige. Passend dazu bringen er und seine Frau im Eigenverlag Bücher heraus, in denen sie modifizierte Schulaufgaben und deren ausführliche Lösungen besprechen. „Zu jeder Schulaufgabe gebe ich eine persönliche Einschätzung und kennzeichne Aufgaben, die sich als G8-Standard herauskristallisiert haben.“

Erst vor kurzem hat sich eine Mutter in einem Brief bedankt: „Meine Tochter kapiert Mathe am besten, wenn Sie es ihr vor den Schulaufgaben erklären.“

Bericht von Vanessa Assmann in der Münchner Abendzeitung vom 15.3.2011

Monika und Claus Arndt aus Waldtrudering geben im Eigenverlag Lernhilfen für Schüler heraus

Die Durchblick-Garanten

Die Tage sind gezählt bis zu den Sommerferien. Nicht alle Schüler jedoch tun sechs Wochen lang nichts für die Schule. Und es gibt so einige Eltern, die sich jetzt schon fürs neue Schuljahr rüsten. Viele von ihnen landen bei Monika und Claus Arndt aus Waldtrudering. Das Ehepaar gibt Hefte mit Schulproben für Grundschüler und Schulaufgaben für Gymnasiasten und Realschüler heraus. Kinder und Jugendliche können sich mit ihren Durchblicker-Aufgaben auf Prüfungen vorbereiten.

Monika und Claus Arndt im Keller ihres Waldtruderinger Hauses. Dort drucken sie ihre Durchblicker-Schulaufgaben. Jahrelang haben sie zudem Nachhilfeunterricht gegeben, mittlerweile konzentrieren sie sich auf ihr Verlagsgeschäft. Ihre Schulaufgaben sind im Buchhandel zu finden und helfen Schülern bei der Lösung von Schulaufgaben. *Fotos: Panthermedia/ve/kn*

Im Keller der Familie Arndt im Birkhahnweg in Waldtrudering läuft der Drucker. In den Regalen stapeln sich ordentlich die Ausdrucke. Ihre Bestellungen erreichen Monika und Claus Arndt meist spät abends. Nach Ladenschluss schicken Buchhändler noch ihre Bestellliste ab, so auch an den Durchblicker Verlag in Waldtrudering. Viele Jahre lang haben die Arndts im Keller Schülern Nachhilfeunterricht gegeben. Vor fünf Jahren haben sie einen Verlag gegründet und verkaufen seitdem Bücher mit typischen Schulaufgaben für bayerische Schüler. Derzeit, kurz vor den Sommerferien und vor allem dann im September, sei die Nachfrage besonders groß. „Wir haben ein saisonales Geschäft", sagt Claus Arndt schmunzelnd. Bevor es in die Ferien geht oder zum Start ins neue Schuljahr, bestellen Schüler und ihre Eltern die Durchblicker-Schulaufgaben.

Der Mathematiker sattelte aufs Lehramt um

Die Arndts haben sozusagen eine Marktlücke entdeckt: Verlage bieten zwar immer mehr Lernhilfen für Schüler an. Doch die Arndts haben ihre Ausgaben auf die jeweiligen Schultypen und auf die neuen Lehrpläne in Bayern zugeschnitten. So läuft und läuft ihr Drucker. „Volltreffer!", hat ihnen ein Schüler geschrieben, „drei Aufgaben in meiner Schulaufgabe waren genau wie die aus Ihrem Buch!" Und eine Buchhändlerin lässt sie wissen: „Ich empfehle die Reihe immer weiter. Sie haben in mir einen Fan gefunden."

Wie aber kommt es, dass die beiden Waldtruderinger so einen guten Riecher haben, wie Lehrer ihre Schulaufgaben gestalten und was sie wollen? Claus Arndt war als Diplom-Mathematiker in der EDV-Branche beschäftigt. Bis 2004. Da hieß es: „Wer gehen wolle, könne gehen." Der Waldtruderinger Vater zweier Söhne ließ sich das nicht zwei Mal sagen. Händeringend wurde damals nach Lehrern gesucht. So sattelte der Mathematiker kurzerhand um und unterrichtete fortan an der Realschule in Dachau und am Neuperlacher Heinrich-Heine-Gymnasium Mathe.

Damit nicht genug. Zuhause im Keller eröffnete er mit seiner Frau Monika ein Lernstudio für Schüler. Claus Arndt gab Nachhilfe in Mathematik. Seine Frau in Englisch, Deutsch und Französisch. „Für Physik und Latein beschäftigten wir noch weitere Nachhilfelehrer", erzählt Claus Arndt. Die Waldtruderinger Familien nahmen das Angebot gerne an: Bei den Arndts gab es Nachhilfe für den Achtklässler, der darum kämpfte, wegen Mathe bloß nicht durchzufallen. Ein anderer Bub, ein Grundschüler, konnte partout nicht stillsitzen. „Ich ließ ihn hier unten auf einem kleinen Trampolin auf- und abspringen und fragte ihn dabei das Einmaleins ab", erzählt Claus Arndt. Ebenso ackerten gleich mehrere Schüler in einem Crashkurs, um in ihrer Abschlussprüfung eine bessere Note zu bekommen.

Nachhilfeunterricht von 13 bis 20 Uhr

Vier Jahre lang büffelten die Nachhilfelehrer mit ihren Schützlingen Stunde für Stunde im Keller. „Unseren Höhepunkt hatten wir im Jahr 2008, da saßen wir von 13 bis 20 Uhr in unserem Lernstudio, die Nachfrage in Waldtrudering und Umgebung war einfach so groß", erinnert sich Claus Arndt. Was ist das Arndtsche Erfolgsrezept? Die Arndts lösen mit ihren Schülern Schulaufgaben, erarbeiten Musterlösungen und korrigieren die Antworten gemeinsam. „Diese Klassenarbeiten denken wir uns selbst aus", sagt Claus Arndt. Im Laufe der Jahre haben sie ein Gespür dafür entwickelt, welche Aufgabentypen drankommen können – „wie die Lehrer ticken".

Schulaufgaben zu entwickeln, das machte Claus Arndt bald nicht nur für seine Nachhilfeschüler im Münchner Osten. Für die Verlage Klett und Cornelsen modifizierte er Schulaufgaben. „Doch die Lehrpläne variieren von Bundesland zu Bundesland", erzählt der Klausuren-Profi. Und so schlug man ihm vor, für Bayern einfach selbst Schulaufgaben herauszugeben. Im Eigenverlag.

Claus Arndt hatte ja mit seiner Frau Monika kompetente Hilfe an seiner Seite. Denn vor allem sie war es, die in ganz Bayern Buchhändler abklapperte, um Werbung für die Durchblicker-Schulaufgaben zu machen. Mehr noch: Monika Arndt hatte als Autorin bereits Ernährungsbücher für Kinder veröffentlicht, hatte unter anderem beim Stark-Verlag über Produktion sowie Inhalt von Lernhilfen viele Erfahrungen gesammelt und als Lektorin gearbeitet. Sie knöpfte sich nun die Fächer Deutsch, Französisch und Englisch vor und arbeitete ebenso Schulaufgaben aus. Zudem sei es für sie als Schulaufgaben-Entwickler mit Einführung des G8 leichter geworden: „Alles ist systematischer und strukturierter, ich kann eher abschätzen, was in einer Klassenarbeit drankommt", sagt Claus Arndt.

Neu im Angebot sind Proben für Grundschüler

Mittlerweile haben sie eine breite Palette mit 57 verschiedenen Ausgaben im Angebot: Ob für Gymnasiasten Mathe-Schulaufgaben von der fünften bis hoch zur zwölften Klasse oder für Realschüler Englisch-Schulaufgaben. „Und neu und sehr beliebt sind unsere Schulproben in Mathe, Deutsch und HSU für Dritt- und Viertklässler", sagt Monika Arndt. „Die sind immer mehr unsere Renner!" Als Verlag profitieren sie von dem wachsenden Druck, der schon auf Grundschüler ausgeübt werde. „Eltern wollen unbedingt, dass ihr Kind einen Notendurchschnitt von 2,33 beim Übertrittszeugnis in der vierten Klasse hat, damit es aufs Gymnasium gehen kann", sagt Claus Arndt. „Das ist oft zu viel des Guten." Er weiß, wovon er spricht. Er hat in all den Jahren in seinem Lernstudio viele Kinder kennengelernt. „Oft haben wir gemerkt, welch großen Druck Eltern auf ihr Kind ausüben können." Natürlich müsse sich jedes Kind auf Tests in der Schule vorbereiten. Doch als Eltern zweier Söhne, 1993 und 1996 geboren, wissen sie eben auch, dass ein Kind nicht zu viel lernen dürfe. „Wer für eine Schulaufgabe mit zwei unserer Aufgaben übt, dem reicht das meist", behauptet Monika Arndt.

Den beiden Schulaufgaben- und Nachhilfe-Profis geht es vor allem darum, Schüler besser auf das vorzubereiten, was sie bei einer Probe erwartet. „Angst und Nervosität legen sich schnell, wenn Schüler ähnliche Aufgaben kennen und bereits bearbeitet haben", sagt Claus Arndt.

Verena Rudolf

Telefon (089) 53 06-420
lokales@merkur.de
Telefax: (089) 53 06-86 56

Münchner Merkur Nr. 285 | Freitag, 9. Dezember 2016

Mehr Durchblick für Schüler

Claus und Monika Arndt produzieren Lernhefte im heimischen Keller in Waldtrudering

VON LAURA MÜLLER

Vielen Kindern graut es vor der Schule. Häufig sind sie unmotiviert und wissen nicht, wie sie sich auf Tests und Schularbeiten vorbereiten sollen. Für diese Problematik gibt es eine Menge Nachhilfelehrer und Bücher, die helfen sollen. Einer der Verlage, die solche Bücher, oder vielmehr Hefte, produzieren, ist der Durchblicker Verlag – ein kleiner Buchverlag, der nur aus dem Ehepaar Claus und Monika Arndt besteht. Er hat sich auf Schulaufgaben und ihre Lösungen spezialisiert. Die Arndts produzieren die Hefte im heimischen Keller in Waldtrudering.

Die Nachfrage ist groß: Im Keller von Monika und Claus Arndt stapeln sich die Lernhefte des heimischen Verlags. Alles ist handproduziert, das ist das Markenzeichen des Verlags. FOTO: ASTRID SCHMIDHUBER

Auf den jungen Schülern lastet eine Menge Druck, sagen die Arndts

Claus Arndt, ein ehemaliger Software-Ingenieur, hat den Verlag vor fünf Jahren gegründet. Angefangen hat alles damit, dass Claus Arndt anfing, Nachhilfe zu geben. „Als die Kinder kamen, wollte ich nicht ständig unterwegs sein", erzählte er. „Also habe ich meinen Job gekündigt und Nachhilfe gegeben." Die Schüler kamen gerne zu Claus Arndt, so wurde die Nachfrage irgendwann zu groß. Die Arndts gaben das Lernbüro auf und fingen an, Bücher mit Schulaufgaben und ihren Lösungen zu drucken. Zunächst verkauften sie nur wenige Hefte, doch im vergangenen Jahr waren es schon 20 000. Insgesamt haben sie 58 Bücher verfasst und herausgebracht. Die Arndts sehen sich mittlerweile als „ernst zu nehmende Konkurrenz" für den renommierten Stark-Verlag. Dessen rote Übungsbücher stehen bei vielen Schülern im Regal.

Claus Arndt sammelt seit der Umstellung auf das G8 Schulaufgaben von verschiedenen Schulen. Weil er selbst mal als Lehrer arbeitete, weiß er, was andere Lehrer erwarten. Claus und Monika Arndt orientieren sich bei ihren Aufgaben immer an dem neusten Stand der Lehrpläne.

Die Hefte des Durchblicker-Verlags: Insgesamt 58 Lerntrainer haben die Arndts schon herausgebracht.

Als die Arndts ihren Verlag gründeten, klapperten sie alle möglichen Büchereien ab, um ihre Bücher präsentieren zu können. Monika Arndt hat schon vorher als Lektorin und Autorin gearbeitet. Sie kennt sich in der Branche aus und weiß, wie man hier etwas erreicht. Heute liegen die Bücher des Durchblicker-Verlags etwa in Hugendubel- und Thalia-Filialen aus. „Wir freuen uns, dass unsere Bücher so gut ankommen", sagt Claus Arndt. Am besten verkaufen sich laut den Arndts die Lerntrainer für die Grundschule sowie für die 5. und 6. Klasse Gymnasium. Das verwundert. Claus Arndt erklärt: „Auf den jungen Schülern lastet schon eine Menge Druck."

Am besten verkaufen sich die Lerntrainer für Grundschule und 5. und 6. Klasse

Als die Arndts die Bücher in immer größerer Stückzahl verkauften, stellte sich die Frage, wie sie die Lerntrainer weiter produzieren wollen. Sie entschieden sich, die Bücher selbst zu drucken. „Alles ist handproduziert, das ist unser Markenzeichen", sagt Monika Arndt.

Sie legen Wert darauf, dass ihre Aufgaben schulnah sind und so auch wirklich abgefragt werden könnten. „Außerdem ist es wichtig für uns, die Schüler für das Lernen zu motivieren. Häufig schreiben Kinder schlechte Noten, weil sie zu wenig Selbstvertrauen haben", sagt Claus Arndt. „Wenn die Kinder mit unseren Schultrainern lernen, erkennen sie Aufgaben aus dem Unterricht wieder, das gibt ihnen ein Erfolgserlebnis und motiviert sie." Natürlich könnten die Bücher keine schon vorher entstandenen Wissenslücken schließen, „aber sie helfen, zu vertiefen und zu wiederholen."

AKTUELLES IN KÜRZE

38-Jähriger stirbt nach Drogenkonsum

Ein 38-jähriger Münchner ist am vergangenen Freitag an den Folgen von Kokain- und Alkoholkonsum gestorben. Nach Angaben der Polizei wurde der arbeitslose Münchner am Donnerstag, 17. November, in eine Klinik eingeliefert. Dort musste er reanimiert werden. In seinem Urin wurde ein hoher Kokaingehalt festgestellt. Zudem hatte er eine Alkoholvergiftung. Die Obduktion ergab, dass der 38-Jährige an einer Überdosis Rauschgift gestorben war. Die Polizei schließt Fremdverschulden aus. pm

Rechte und Pflichten von Mietern

Viele Auseinandersetzungen zwischen Vermietern und Mietern resultieren daraus, dass die Parteien ihre Rechte und Pflichten nicht kennen oder diese falsch einschätzen. Die Rechtsanwältin Gisela Weber vom Mieterverein München erläutert bei einem Infoabend im Bauzentrum München, Willy-Brandt-Allee 10, am Dienstag, 13. Dezember, ab 18 Uhr, welche Klauseln Mieter vor der Unterzeichnung eines Formularmietvertrages besonders unter die Lupe nehmen sollten. Sie spricht außerdem die Probleme des Alltags an, die im täglichen Umgang zwischen den Mietvertragsparteien und den Nachbarn auftreten können. Der Eintritt ist frei. do

Mein Sohn Leander hat sich schon letztes Jahr ausschließlich mit Ihren Heften auf seine Schulaufgaben in Mathe und Englisch vorbereitet, was uns zu einem insgesamt recht entspannten ersten Schuljahr im Gymnasium verholfen hat. Wir erleben Ihre Hefte als echte Unterstützung!

Dem besten Mathelehrer der Welt habe ich die Note 1 im Abitur zu verdanken.

„Die Bücher sind wirklich gut!“
Ein Großbuchhändler

Top! Die Schulaufgaben von bayerischen Gymnasien sind wirklich ihr Geld wert. Das gibt den Kindern Sicherheit. Klasse!

Herzlichen Dank für die prompte Zusendung von Mathematik 11. Martin hat es gut genutzt und 14 Punkte geerntet. Vielen vielen Dank!

VOLLTREFFER !!!
3 Aufgaben in meiner Schulaufgabe waren genau wie die aus Ihrem Buch. Super! Danke!

Großes Lob an Ihr Engagement!
Die Hinweise in den ausführlichen Lösungen sind die absoluten Insidertipps!

Wir verwenden die Schulaufgaben für bayerische Gymnasien schon seit einigen Jahren. Die Trainer sind wirklich toll. Das ist der Standard, der definitiv in der Schule drankommt.

Wir haben übrigens schon Mathe für die 5. Klasse Gymnasium zu Hause und sind total begeistert.

Die Tipps zu den Matheaufgaben haben meinem Sohn soviel Selbstbewusstsein gegeben, dass er in seiner Schulaufgabe die Note 1 geschrieben hat.

Ein dickes Lob! Meine Tochter ist total begeistert. Sie hat bei Physik und Chemie das Gefühl: „Das habe ich jetzt verstanden.“

Wir haben alle Ihre Bücher. Die sind spitze!

Dank Ihrer tollen Hefte und mit dem Bayerischen Mathematik-Test (BMT) habe ich die 10. Klasse in Mathematik und damit die Mittlere Reife geschafft.

Ihre Bücher sind so toll. Wir bestellen hiermit die nächsten.

„Ich empfehle die Reihe immer weiter. Sie haben in mir einen Fan gefunden.“
Eine Buchhändlerin

„Die Durchblicker Schulaufgaben sind inzwischen unsere Topseller.“
Eine Buchhändlerin

ISBN: 978-3-00-034063-5

DURCHBLICKER Lernstudio Arndt

Mathematik 6

9 783000 340635

€ 14,95 (D) € 15,40 (A)

18